The United Nations
Association's
Test of English

公益財団法人
日本国際連合協会 編著

国連英検
過去問題集
2019/2020 年度実施

C 級

SANSHUSHA

はじめに
英語コミュニケーション能力の測定と国連英検

国連英検統括監修官　服 部 孝 彦

　国連英検は，英語コミュニケーション能力を測るためのテストです。ひとくちにコミュニケーション能力をテストするといっても，「コミュニケーション能力」という概念は複雑です。ここでは，コミュニケーション能力の理論的枠組みをできる限り明らかにし，コミュニケーション能力をより的確に測るためのテストとしての国連英検のあり方について論じます。

　1960年代以降に言語研究に科学的な手法が求められるようになり，「コミュニケーション能力」という概念が生まれました。コミュニケーション能力の概念を最初に示したのはハイムズ（Hymes, 1972）ですが，それ以前に彼は，能力（competence）と運用（performance）の概念を提唱したチョムスキー（Chomsky, 1965）から大きな影響を受けたため，まずチョムスキーの言語理論から考察することにします。

　チョムスキーは，従来の学習を習慣形成による刺激と反応の結合が発達したもの，すなわち練習と強化によって形成された習慣とみなす行動主義（behaviorism）の考え方に異論を唱えました。彼は「具体的状況における実際の言語使用」(the actual use of language in concrete situation) を運用（performance）とし，それを「話者―聴者の言語の知識」(the speaker-hearer's knowledge of his language) である能力（competence）と区別しました。

　ハイムズはチョムスキーの能力（competence）の概念を発展させ，コミュニケーション能力（communicative competence）の概念を示しました。ハイムズは，文法的な意味に限定したチョムスキーの能力（competence）は不十分であるとし，能力を社会的文化的に拡張すると主張しました。ハイムズのコミュニケーション能力は次の4つに分類されます。

3

(1) Whether (and to what degree) something is formally possible;
(2) Whether (and to what degree) something is feasible in virtue of the means of implementation available;
(3) Whether (and to what degree) something is appropriate (adequate, happy, successful) in relation to a context in which it is used and evaluated;
(4) Whether (and to what degree) something is in fact done, actually performed, and what its doing entails.

　ハイムズは，文法的に正しいのか，発話することが現実的に可能か，社会的に適切であるか，実際に遂行されているのか，といった4つの基準を示したわけです。前者2つが文法に関するもので，後者2つが発話としての容認性に関するものであるといえます。

　ハイムズのコミュニケーション能力は，ウィドウソン（Widdowson, 1983），バックマン（Bachman, 1990），さらにはバックマンとパーマー（Bachman and Palmer, 1996）へと引き継がれました。「コミュニケーション能力」という用語は，communicative competence, communicative language ability, language ability と表記が変わり，定義も見直されました。コミュニケーション能力理論で最も新しいものは，バックマンの論理，およびバックマンとパーマーの理論です。バックマンとパーマー（Bachman and Palmer, 1996）の理論は，バックマン（Bachman, 1990）の理論を踏襲した改訂版で，テスティングのための理論という色彩を強めたものです。この2つの理論は現在，コミュニケーション理論の中で最も信頼のおけるものとして，言語教育で受け入れられています。

　バックマンとパーマーは，コミュニケーション能力に language ability という用語を用いています。そして，その language ability の中にハイムズやカネールとスウェインなどが言う communicative competence の構成要素をすべて含んだ言語知識（language knowledge）という概念を設けました。バックマンとパーマーの言語知識は，組織的知識（organizational knowledge）と語用論的知識（pragmatic knowledge）に分けられます。組織的知識はさらに，文法的知識（grammatical knowledge）とテキスト的知識（textual knowledge）に分類されます。語用論的知識は，機能的知識

4

(functional knowledge) と社会言語学的知識 (sociolinguistic knowledge) に分類されます。バックマンとパーマーは，言語知識以外にトピック知識 (topical knowledge) や個人的特徴 (personal characteristics) なども language ability の中に含まれる要素としており，これらすべてを結びつける能力として方略的能力 (strategic competence) を挙げています。

　バックマンとパーマーは次のように述べ，自分たちが提示したコミュニケーションのモデルはテスト開発のためのものである，としています。

　　We would note that we conceive of this not as a working model of language processing, but rather as a conceptual basis for organizing our thinking about the test development process.

　バックマンとパーマーは，心理的な意味での言語処理モデルではなく，テスト開発のための概念的な枠組みを設定したといえます。

　バックマンとパーマーの language ability 理論の基礎になったのが，バックマン (Bachman, 1990) の communicative language ability 理論です。バックマンは，知識 (knowledge) ではなく能力 (competence) という用語を用いて，語用論的能力 (pragmatic competence) と組織的能力 (organizational competence) について，次のように述べています。

　　Pragmatic competence includes the types of knowledge which, in addition to organization competence, are employed in the contexturalized performance and interpretation of socially appropriate illocutionary acts in discourse.

　ここでバックマンは，語用論的能力／語用論的知識は，組織的能力／組織的知識の基盤の上にできあがるものであることを示しました。また，語用論的能力／語用論的知識は，テキストを構成しない一文単位でも発揮されるということを考えますと，組織的能力／組織的知識の中心は文法的能力／文法的知識であることがわかります。

　以上のコミュニケーション能力理論に基づき，国連英検では以下のように出題されています。中学校，高等学校で学習する英語の範囲内で出題さ

れる C 級，D 級，E 級は，語用論的知識に先行して学習する必要のある組織的知識について問い，加えて組織的知識の基礎となる文法的知識を中心として出題しています。B 級では，組織的知識の中の文法的知識に加え，英文エッセイをテーマに沿って“書く”問題も出題され，組織的知識の中のもう１つの力であるテキスト的知識も問われます。さらに，国連英検の特徴である国連に対する理解についての設問も出されます。特 A 級と A 級では，１次試験の筆記試験で文法的知識とテキスト的知識および国連に関する知識が問われ，１次試験合格者を対象に実施される２次試験の面接テストでは，これらに加えて語用論的知識である機能的知識と社会言語学的知識，言語力の要素を統合させる方略的能力，さらには国際事情についての知識も問われます。

　以上のように，国連英検ではコミュニケーション能力の研究成果を踏まえ，コミュニケーション能力の基盤をなす力を下の級で測定し，上の級ではそれらの基盤的な力の測定に加え，語用論的な力とメタ認知方略に関する力も測定しています。特に最上級の特 A 級では，良識ある国際人として持つべき国際常識や国際適応能力についてもテストされます。国連英検は，まさしく総合的英語コミュニケーション能力を測定する試験であるといえます。

参考文献

Bachman, L. F. (1990). *Fundamental considerations in language testing.* Oxford: Oxford University Press.

Bachman, L. F & Palmer, A. S. (1996). *Language testing in practice.* Oxford: Oxford University Press.

Canale, M. (1983). On some dimensions of language proficiency. In J. Oller (Ed.) *Issues in language testing research.* (pp. 333-387). Massachusetts: Newburry House.

Canale, M. & Swain, M. (1980). Theoretical bases of communicative approaches to second language teaching and testing. *Applied Linguistics, 1* (1), 1-47.

Chomsky, N. (1965). *Aspects of the theory of syntax.* Cambridge, M.A.: The MIT Press.

Hymes, D. (1972). On communicative competence. In J. Pride & J. Holmes (Eds.) *Sociolinguistics: Selected readings.* (pp. 269-293). Harmondsworth: Penguin.

Widdowson, H. G. (1983). *Learning purpose and language use.* Oxford: Oxford University Press.

目次

※本書は，実際の検定試験で使用された試験問題に基づいて編集されておりますが，一部修正されている場合があります。

国連英検とは

■「国連英検」（国際連合公用語英語検定試験）は，1981 年に始まり，長い歴史を持つ英語検定試験です。試験は年に 2 回，全国主要都市で実施されます。特 A 級から E 級まで全部で 6 つの級があり，中学生から社会人，シニアエイジまでの幅広い層を対象とし，受験資格は特になく，どなたでも受験できます。

　試験を主催するのは，外務省の外郭団体としてスタートした公益財団法人日本国際連合協会です。日本国際連合協会は，国連の A 級諮問民間団体である「国連協会世界連盟」（WFUNA）の有力メンバーで，国内外での国連普及活動を積極的に行っています。

　国連英検も国連普及活動の一環として実施されており，国連の理念である「国際協力」「国際理解」をコンセプトに，「真に役立つグローバルコミュニケーション能力」の育成を目標としています。試験内容は国連の活動に沿って，世界平和，地球環境，世界政治，世界経済から，人権，食品，医療などの世界情勢，国際時事問題まで幅広く出題されるため，今まさに地球上で問われている問題を認識し，自分の考えや解決策を論理的に伝達する表現力が求められます。単なる語学力の判定にとどまらず，総合的な国際コミュニケーションスキルが問われます。

■ 国連英検は，資格として多角度にアピールできる検定試験です。多くの大学で推薦入試・編入試験の評価資格として認められ，B 級以上の合格を単位認定している大学もあります。

　特 A 級は，成績優秀者に外務大臣賞が授与されるほか，合格者には外務省国際機関人事センターが実施している「JPO 派遣候補者選考試験」において加点が行われます。

　この JPO は，国際公務員（国連職員・ユネスコ職員など）になるための登竜門と言えるもので，2 年間の海外派遣を経て国際公務員試験に挑戦できる制度です。

A級は成績優秀者に国連協会会長賞が授与されます。

C級以上の合格者は，文部科学省より，高等学校卒業程度認定規則において，英語資格としてレベル認定されています。

また，国際協力機構（JICA）では，C級以上の合格者を，応募の際に必要となる語学力の評価基準をクリアしたものと認定しています。

なお，警視庁では警察官採用試験（1次試験）に「資格経歴等の評定」を導入していますが，国連英検C級以上の合格者については，1次試験の成績の一部として評価しています。

■ 国連英検は，コミュニケーションを重視した試験です。B級〜E級で出題されるリスニング問題のウェイトは40％と高く，またB級以上は国際時事問題をテーマとした英作文（ウェイト20％）が設けられています。A級以上は2次試験で面接試験を実施し，ネイティブスピーカーと国際時事問題について討論を行います。さらに特A級については，ネイティブスピーカーに加え，元外務省大使など外交実務経験者や国際関係を研究する大学教授を面接官として，より深い議論を行います。

● 2020年第1回の国連英検中止について
　同回の検定試験は，新型コロナウイルス感染症拡大防止の観点から，中止されました。そのため，本書には2020年第1回の問題・解説は掲載されていません。

● 国連英検受験（C級以上）のための指定テキストについて
　現在は『新 わかりやすい国連の活動と世界』（三修社）が指定テキストになっていますが，2019年第1回までは『わかりやすい国連の活動と世界［改訂版］』（三修社）が指定テキストであったため，本書の問題・解説もそれに基づいて作成されています。

● C級のレベルと審査基準および問題の傾向と対策 ●

レベルと審査基準

　問題の形式と内容が異なるため，他の英語検定試験との比較は困難ですが，国連英検C級は実用英語検定2級とほぼ同じ，あるいはそれより高いレベルといってよいでしょう。内容的には高校修了程度の英語力を基準にして，標準的な大学入試問題に実用英語をプラスしたものです。文法は文部科学省の学習指導要領を基準に，語彙は基本的な3000語程度を用い，高度で難解な語句には日本語の脚注がつきます。日常生活における会話文や頻繁に用いられる表現，状況に応じて英語で応対する能力，ノンフィクションのなかでも時事的な内容，国連に関する内容，随筆，フィクションでは短編小説などが理解できる読解力が要求されます。

問題の傾向と対策

　試験はまずリスニングテスト（40点）で始まり，マークシートによる客観テスト（60点）が続きます。（英作文，2次試験はありません）。

　リスニングテストのトピックには，短い対話や200語程度の物語やエッセイが用いられ，大問4題が出題されます。大意が楽に読み取れる程度の英文を多く読み，ラジオやテレビの英語講座や国連英検の過去問題集などで英語を聴き取る練習を数多く行うことが大切です。

　客観テストでは大問6問で，短文による表現力，文型，文法，語彙をテストする問題と，250〜300語前後の会話，物語，エッセイ，時事論説などの内容を理解する読解力をテストする問題で構成されます。学生・一般社会人向けの英字新聞やペーパーバックなどを読む必要があります。また，C級以上は国連の活動を報じる文章も出題されるため，C級受験者も指定テキスト『新 わかりやすい国連の活動と世界』*New Today's Guide to the United Nations*（三修社）を読んでおくことも大切です。各級の指定テキストからの出題範囲は国連英検のホームページに掲載されています。

2019年

第1回試験

問題

UNA-JAPAN

C級試験問題用紙

C級

外務省後援

２０１９年度第１回国際連合公用語

英語検定試験 (100分)

受験上の注意

1. 問題用紙は試験開始の合図があるまで開いてはいけません。その間に、この**受験上の注意を熟読**しておいてください。

2. **受験番号と氏名を解答用紙（マークシート）に記入してください。**

3. 答案用紙の配布は１人１部のみです。複数の配布は致しません。

4. 試験開始前は、答案への解答記入は禁止です。

5. マークシートの記入は、必ずＨＢ以上の濃い鉛筆を使って該当箇所を黒く塗りつぶしてください。書き間違いの場合は「アト」が残らないように消してください。マークシートは絶対に折ったり曲げたりしないでください。

6. 受験級、受験地区、会場番号、受験番号のマークシートへの記入は監督者の指示に従い、間違いなく記入してください。**（裏表紙の「マークシート記入例」参照）**

7. 試験問題についての質問は、印刷が不鮮明な場合を除き、一切受けつけません。

8. 中途退室の際は、マークシートを監督者に渡し、他の受験者の迷惑にならないように静かに退室してください。中途退室後の再入室はできません。

9. 試験中は他の受験者の妨げとなる行動は慎んでください。また携帯電話等の電源はお切りください。

10. マークシートは監督者に提出し、問題用紙はご自由にお持ち帰りください。

＊試験問題の複製や転載、インターネットへのアップロード等、いかなる媒体への転用を禁止します。

リスニングテストについて

1. リスニングテストは試験開始後、合図があってから実施されます。（40問あります）

2. リスニングテストが始まる前にリスニング問題の指示と内容を読んで、どういう形式のテストなのか、概要をつかんでおいてください。

3. テスト中の発言は、放送機器の具合が悪く放送された英語の聴き取りができない場合を除いて、しないようにしてください。

試験結果について

1. 試験の結果は2019年６月26日(水)頃に通知します。

2. その間に住所変更をされた方は、郵便局へ住所変更の届け出を忘れずに行ってください。

3. 発表前の試験結果のお問合せには応じられません。

公 益
財団法人 日本国際連合協会
http://www.unaj.or.jp/

I. これから短い英文を10言います。英文は2回言います。よく聞いて、会話が成り立つように最も適切なものをA、B、C、Dの中から1つ選びなさい。途中でメモを取ってもかまいません。

1. A. I love ice cream.   B. It's too warm.
   C. Winter came early.   D. I'm angry too.

2. A. Yes, you may.   B. It's raining now.
   C. Your bath is ready.   D. Yes, I want some.

3. A. I'm happy for you.   B. Please don't rush.
   C. Why will the meeting be late?   D. I like a late dinner.

4. A. Yes, you will see him.   B. It's far from here.
   C. No, he didn't see me.   D. Yes, I will.

5. A. Sunny-side up please.   B. I like chicken better than eggs.
   C. I don't like beef.   D. I like vegetables.

6. A. Her fans went to the concert.   B. She had a high fever.
   C. All the tickets were sold out.   D. The concert was very popular.

7. A. I'm drinking tea.   B. My cat is on the chair.
   C. You're telling me a story.   D. Is that so?

8. A. I'll be home soon.   B. I'll bake bread then.
   C. I have to buy a warm coat.   D. I love to look at cherry trees.

9. A. Yes, the warm weather is good.
   B. We should try to stop it.
   C. Summer is always warm.
   D. We should move to another country.

10. A. I'll write to you from Paris.   B. I'm sure she is.
    C. Please write your report.   D. What does he write?

13

II. これから短い会話を10言います。会話は2回繰り返します。そのあと、会話の内容について10の質問をします。質問も2回繰り返します。よく聞いて、それぞれの質問の答えとして最も適切なものをA、B、C、Dの中から1つ選びなさい。途中でメモを取ってもかまいません。

11. A. He shouldn't mind the weather.   B. It's warm today.
     C. It's cold today.   D. He should stay home.

12. A. His girlfriend and the woman are alike.
     B. The women never met.
     C. The women seem friendly to each other.
     D. The women won't be friends.

13. A. He should go to a restaurant.   B. She will make a small dinner.
     C. She will make a fancy dinner.   D. He can make his own dinner.

14. A. He'll pay for her transportation.   B. He'll take her home from work.
     C. He'll lend his car to her.   D. He'll drive her to work.

15. A. It was good his house was broken into.
     B. He only lost a little.
     C. Fortunately the police caught the robber.
     D. He's lucky he was not robbed.

16. A. He hates sailing.
     B. He has never sailed.
     C. He loves sailing.
     D. He went sailing with the woman.

17. A. Did he marry her friend or an acquaintance?
     B. Was he married before?
     C. She knows who his new wife is.
     D. She is married to the man.

18. A. He knows more than one good hotel.
     B. He doesn't know any hotels.
     C. He'll suggest the best hotel.
     D. He thinks all the hotels are good in Tokyo.

19. A. She's happy he needs money.   B. She won't lend him any money.
     C. She'll gladly help him.   D. She isn't sure what to do.

14

20. A. He's been on vacation.
     B. He's been at home.
     C. He had important business to do.
     D. He decided to live in New York.

Ⅲ. これから英文を2回繰り返します。そのあと、内容について10の質問をします。質問も2回繰り返します。よく聞いて、それぞれの質問の答えとして最も適切なものをA、B、C、Dの中から1つ選びなさい。途中でメモを取ってもかまいません。

21. A. She's Japanese and he's American.
     B. She's American and he's Japanese.
     C. Both are American.
     D. Both are Japanese.

22. A. Telling stories out loud.
     B. Writing commercials.
     C. Writing stories in English and Japanese.
     D. Running a publishing company.

23. A. It's a gift.   B. It's a problem.
     C. It's ordinary.   D. It's useless.

24. A. Mari's father.   B. Mari's mother.
     C. Mari.   D. Professor Miyamoto.

25. A. In Tokyo.   B. In Kobe.
     C. In Palo Alto.   D. In San Francisco.

26. A. Mari is a terrible scholar.
     B. Mari should follow her best talents.
     C. Mari is totally impractical.
     D. Mari should get a doctorate and be a professor.

27. A. Mari should stay and write in Palo Alto.
     B. It would be better for Mari to be a scholar rather than writer.
     C. She should choose which language to write in.
     D. She should begin her writing career in Japan.

15

28. A. She stayed in Palo Alto, California and became a famous writer.

   B. She returned to Japan where she worked part-time.

   C. She became a university professor in Kobe.

   D. She became a bi-lingual TV personality.

29. A. Mari's English translation of her Japanese novel.

   B. Mari's friendship with Professor Miyamoto.

   C. Mari's scholarly writing in English and Japanese.

   D. Mari's good reputation as a teacher.

30. A. It's hard work and you don't know how successful your book will be.

   B. It's not hard to write and you can tell when your book will be a bestseller.

   C. It's hard becoming a writer, but easy once you're established.

   D. Getting a book published is not hard if you're bilingual.

Ⅳ. これから会話を 2 回繰り返します。そのあと、内容について10の質問をします。質問も 2 回繰り返します。よく聞いて、それぞれの質問の答えとして最も適切なものをA、B、C、Dの中から 1 つ選びなさい。途中でメモを取ってもかまいません。

31. A. His English teacher in Toronto.

   B. His high school teacher.

   C. His junior high school teacher.

   D. His college English teacher in Japan.

32. A. The reason why Ichiro writes well in English.

   B. Where Ichiro was born.

   C. Ichiro's family.

   D. Ichiro's hobbies.

33. A. Three years. B. Four years.

   C. Five years. D. Six years.

34. A. He had problems all the way through.

   B. It was a little difficult for him.

   C. He had to work hard.

   D. He understood everything in English.

16

35. A. To have daily conversations.
     B. To summarize the texts he read.
     C. To translate the texts he read.
     D. To ask questions about the texts he read.

36. A. Analysis of the reading assignments.
     B. Writing his feelings about the reading assignments.
     C. Talking about ideas.
     D. Listening to discussions.

37. A. *Nineteen Eighty-four.*   B. *The Old Man and the Sea.*
     C. *War and Peace.*   D. *Crime and Punishment.*

38. A. To gain one's confidence.
     B. To feel superior to others.
     C. To feel inferior to others.
     D. To develop one's thoughts rationally.

39. A. Conversational skills in English.
     B. Gaining high scores in English language tests.
     C. Memorizing English expressions.
     D. Academic writing skills in English.

40. A. To converse in English.   B. To be able to write impressions.
     C. To collect English expressions.   D. To think and write logically.

V. 次の英文の下線部の意味を最もよく表す語または語句をA、B、C、Dの中から
1つ選びなさい。

41. He will <u>go for broke</u> on that invention.
     A. destroy it   B. risk everything
     C. be very careful   D. not get involved

42. He tends to <u>play it safe</u> at the office.
     A. use fun games   B. talk a lot
     C. be careful in his behavior   D. take a nap

43. She is a <u>self-made</u> person.
     A. lonely   B. stay-at-home
     C. tired   D. independent

44. **The sky's the limit.**
    A.   You won't get much.   B.   You can get a lot.
    C.   You'll lose everything.   D.   You must learn to fly.

45. **I was beside myself when I won the prize.**
    A.   was happy   B.   was furious
    C.   was hungry   D.   was thirsty

46. **His speech to us was low-key.**
    A.   loud   B.   boastful
    C.   well-prepared   D.   modest

47. **She spins a good story.**
    A.   knows   B.   hears
    C.   tells   D.   forgets

48. **He gave her credit for her great work.**
    A.   neglected   B.   forgot
    C.   imitated   D.   admired her for

49. **My classic car has been restored.**
    A.   broken   B.   rebuilt
    C.   sold   D.   changed

50. **He is dull to his people's voices.**
    A.   is uninterested in   B.   cares about
    C.   welcomes   D.   understands

Ⅵ. 次の英文を読み、設問の答えとして最も適切なものをA、B、C、Dの中から1つ選びなさい。

   The 51 original Members of the United Nations were the States that took part in the San Francisco Conference or had previously signed the Declaration by United Nations, and which signed and *ratified the charter.

   Membership in the United Nations is open to all peace-loving countries that accept—and in the judgment of the Organization are able and willing to carry out—the obligations of the Charter. Any country wishing to become a Member must submit an application to the Security Council, including a declaration that it accepts the obligations **(58)** set forth in the Charter. If the Council recommends admission of the new Member, the application is passed to the General Assembly, which must accept it by a two-thirds majority. Membership becomes effective on the date the Assembly accepts the application.

Japan joined the United Nations on 18 December 1956. Membership of the Organization has more than *tripled to 193, as of June 2012.

******

On 10 December 1945, the Congress of the United States *unanimously resolved to invite the United Nations to establish its permanent home in the United States. The General Assembly, meeting in London, accepted the invitation on 14 February 1946, after considering offers and suggestions for permanent sites from many other parts of the world.

On 14 December 1946, the General Assembly accepted an offer by John D. Rockefeller, Jr., of $8.5 million for the **(59)** <u>purchase</u> of the present 18-acre site between 42nd and 48th streets on Manhattan's East Side, *bounded on the west by *United Nations Plaza (formerly part of First Avenue) and on the east by the East River. *Concurrently with the Rockefeller gift, the City of New York offered land within and *adjacent to the site, together with *waterfront rights and *easements. The City also undertook a $30 million improvement program in the **(60)** <u>immediate</u> area, including the construction of a *vehicular tunnel under First Avenue.

Once the site was decided on, the first Secretary-General, Trygve Lie, appointed an American architect, Wallace K. Harrison, to guide the architectural and development plans in cooperation with a board of design consultants from 10 countries.

The *cornerstone was laid on 24 October 1949—United Nations Day—at an open-air *plenary meeting of the Assembly, which was addressed by United States President Harry S. Truman. *Occupancy of the Secretariat building began in August 1950 and was completed the following June. The Security Council held its first meetings in its new Chamber early in 1952, and in October of the same year, the Assembly *convened for the first time in the new General Assembly Hall.

注)　*ratify　…を批准する　　*triple　3倍になる　　*unanimously　満場一致で
　　 *bound　…の境界となる　　*United Nations Plaza　国連広場
　　 *concurrently　同時に　　*adjacent　（…に）隣接した　　*waterfront　河岸
　　 *easement　地役権　　*vehicular　乗物の、車の　　*cornerstone　礎石
　　 *plenary　全員出席の　　*occupancy　居住、移転
　　 *convene　を招集する、を開催する

19

51. **What was one of the things that the 51 original Members of the United Nations did to be Members of the United Nations?**

A. They skipped signing the Declaration by United Nations.

B. They proposed their suggestions about the Charter to the United Nations.

C. They took part in the San Francisco Conference.

D. They asked for help from the United Nations to become a threat.

52. **Which of the following is true according to the text?**

A. Membership in the United Nations is open to any country without conditions.

B. Any country wishing to become a Member of the United Nations must submit an application to its own government.

C. When the General Assembly accepts the applicant by a three-fifths majority Membership is approved.

D. Membership becomes effective on the date the Assembly accepts the application.

53. **Which of the following is true according to the text?**

A. The Security Council has nothing to do with a new membership application.

B. Japan Joined the United Nations in 1956.

C. Membership of the United Nations doubled in 2007.

D. A Member of the United Nations does not have to carry out the obligations of the Charter.

54. **What organization decided to invite the United Nations' permanent home to the United States in 1945?**

A. The Congress of the United States.

B. The Security Council.

C. The General Assembly.

D. The Economic and Social Council.

55. **What did the General Assembly accept on 14 December 1946?**

A. They accepted an invitation for a permanent home of the United Nations in London.

B. They accepted an offer by John D. Rockefeller, Jr.'s donations.

C. They accepted to have its permanent home in the West Side of New York.

D. They accepted to move its permanent home in San Francisco.

56. **Which of the following is NOT true according to the text?**
    A.   The City of New York offered land within and adjacent to the United Nations' permanent home site.
    B.   The City of New York undertook a $30 million improvement program in the immediate area.
    C.   Trygve Lie appointed a British architect to guide the architectural and development plans.
    D.   The cornerstone was laid on 24 October 1949.

57. **Which of the following is NOT true according to the text?**
    A.   Harry S. Truman addressed at an open-air plenary meeting of the Assembly in 1949.
    B.   Occupancy of the Secretariat Building was completed in July 1951.
    C.   The Security Council held its first meetings in its new Chamber in 1952.
    D.   The Assembly convened for the first time in the New General Assembly Hall in 1952.

58. **What does the underlined part (58) set forth mean?**
    A.   written down   B.   started
    C.   congratulated   D.   researched

59. **What does the underlined part (59) purchase mean?**
    A.   savings   B.   expanding
    C.   digging   D.   buying

60. **What does the underlined part (60) immediate mean?**
    A.   right now   B.   wide
    C.   long   D.   nearby

Ⅶ. 次の各組の文の空所には同じ語が入ります。最も適切なものをA、B、C、Dの中から1つ選びなさい。

61. **I'll _____ the envelope. I saw a _____ at the beach.**
    A.   mail   B.   bush   C.   seal   D.   quiz

62. **The jet will _____ soon. Japan is my _____.**
    A.   fly   B.   place   C.   arrive   D.   land

63. **Please _____ the door. I am _____ to your ideas.**
    A.   far   B.   will   C.   paint   D.   open

21

64. **I like _____ cream. I'm _____ about that project.**
    A. whipping   B. sour   C. angry   D. confused

65. **I bought a baseball _____. A _____ flew over me.**
    A. cat   B. mat   C. bat   D. rat

66. **I'm _____ in bed. I'm _____ of your lies.**
    A. sick   B. sleeping   C. staying   D. sitting

67. **Luckily he didn't _____ his leg. Let's take a _____.**
    A. pull   B. break   C. rest   D. trip

68. **Please _____ the doorbell. Oh, you found my _____.**
    A. ring   B. purse   C. push   D. turn

69. **There's a _____ in the road. Let's take a _____ in the swimming pool.**
    A. bump   B. hole   C. dip   D. crack

70. **Let's _____ with our dog. Can you _____ the piano?**
    A. play   B. sleep   C. eat   D. chase

Ⅷ. 次のA、B、C、Dからなる各組の英文には下線部に誤りを含むものが1つあります。その文を選びなさい。

71. A. I <u>was born</u> in Canada.
    B. I <u>was born of</u> a rich family.
    C. He is a <u>born writer</u>.
    D. She is a New Yorker <u>born and bred</u>.

72. A. They are walking <u>arms in arms</u>.
    B. He <u>twisted my arm</u> to go to the concert.
    C. They welcomed me <u>with open arms</u>.
    D. He received a call to <u>arms</u>.

73. A. I am against <u>capital punishment</u>.
    B. What is <u>a capital</u> of Australia?
    C. She has enough <u>capital</u> to buy the house.
    D. Please write your name in <u>capital letters</u>.

22

74.   A.   She is <u>a drag on</u> the project.
      B.   Please <u>drag</u> the box out of the house.
      C.   Don't <u>drag me into</u> your problem.
      D.   The meeting <u>dragged up</u> for a long time.

75.   A.   The taxi fare is a <u>flat rate</u> from the airport to the city.
      B.   The beer <u>went flat</u>.
      C.   The tire <u>has flat</u>.
      D.   She lives in a <u>flat</u>.

76.   A.   He likes his first <u>period</u> math class.
      B.   I have determined to be a doctor. <u>Periods</u>.
      C.   I have a one-month <u>trial period</u> for the computer.
      D.   You need a <u>period</u> at the end of a sentence.

77.   A.   Students <u>are subject</u> the rules of the school.
      B.   The terms <u>are subject</u> to change without notice.
      C.   My favorite <u>subject</u> is English.
      D.   Let's not talk about the <u>subject</u>.

78.   A.   I <u>could use</u> a holiday.
      B.   Please <u>use</u> the other door.
      C.   The toilet <u>is</u> still <u>use</u>.
      D.   The expression has <u>come into use</u>.

79.   A.   She gave me a <u>quarter</u> as change.
      B.   The company made a profit in the first <u>quarter</u>.
      C.   Please wake me up at <u>quarters</u> to seven.
      D.   I could see the movie star <u>at close quarters</u>.

80.   A.   He made a profit in <u>the stock market</u>.
      B.   The new smart phones are <u>on market</u>.
      C.   She likes to go to <u>flea markets</u>.
      D.   We need a good organic foods <u>market</u>.

IX. 次の英文を読み、設問の答として最も適切なものをA、B、C、Dの中から1つ選びなさい。

Animals living in the deepest ocean *trenches have been found with plastic fragments in their insides, according to new research published recently on man-made pollution.

We produce over 300 million tons of plastics annually. At least five *trillion plastic pieces float in our oceans.

Until recently, most studies on plastic pollution have been close to the surface of the ocean. These showed a widespread plastic *contamination in fish, turtles, whales and sea birds.

Now British researchers say they have discovered plastic *ingestion among tiny shrimp in six of the world's deepest ocean trenches. In *the Mariana Trench east of the Philippines, the deepest depression on Earth, 100 percent of the animals studied had plastic fibers in their *digestive tracts.

During the course of expeditions dating back a decade Alan Jamieson from Newcastle University's School of Natural and Environmental Sciences and his team had *accumulated dozens of *specimens of a species of tiny shrimp that lives between 6,000-11,000 meters beneath the surface. They decided to look for plastic and were astonished by how widespread the plastic contamination at extreme depths was.

For instance, the Peru-Chile Trench in the southeast Pacific is around 15,000 kilometers from the Japan Trench. Yet plastic was found in both.

"It's off Japan, off New Zealand, off Peru, and each trench is *phenomenally deep," Jamieson said. They consistently found plastics in animals all around the Pacific at extraordinary depths. Jamieson urges us not to waste time to counter this.

*Microplastic particles are either *dumped directly into the seas via *sewers and rivers or form when larger chunks of plastic break down over time. Once they start gathering bacteria, they get heavier and sink.

"So even if not a single fiber were to enter the sea from this point forward, everything that's in the sea now is going to eventually sink. And once it's in the deep sea where is the mechanism to get it back?" asked Jamieson.

Because plastic contamination is now so widespread, even at extreme depths, the team cautioned that it was nearly impossible to know what effect plastic ingestion was having on bottom-dwelling species.

注) *trench （深い）溝、海溝　　*trillion 1兆　　*contamination 汚染
　　*ingestion 摂取　　*the Mariana Trench　マリアナ海溝
　　*digestive tract 消化管　　*accumulate 集める
　　*specimen 検査材料、サンプル　　*phenomenally 驚くほど、並外れて
　　*microplastic 微小プラスチック　　*dump 捨てる　　*sewer 下水道

81. **Why do animals living in deep sea trenches have plastic fragments inside them?**
    A. They grow them naturally.
    B. They get them from volcanic eruptions.
    C. They get them through climate change.
    D. They get them from human-created pollution.

82. **How many tons of plastics do we produce per year?**

    A. Five trillion tons.   B. 15,000 tons.
    C. 300 million tons.   D. 6,000 to 11,000 tons.

83. **What did studies close to the ocean show?**
    A. There was no contamination in sea animals.
    B. There was contamination in a few areas.
    C. There was widespread contamination in sea animals.
    D. The studies were not conclusive.

84. **What did fish, turtles, whales and sea birds have in common?**
    A. They were wiped out by fishermen and hunters.
    B. They were all contaminated by plastic pollution.
    C. They all attacked whaling ships.
    D. They discussed plastics with Alan Jamieson.

85. **What did Alan Jamieson and his team do?**
    A. They studied deep sea plastic pollution.
    B. They built deep sea hotels between 6,000-11,000 meters.
    C. They studied only ocean surface pollution.
    D. They studied sea creatures in shallow waters.

86. **"It's off Japan, off New Zealand, off Peru and each trench is phenomenally deep," Jamieson says. What are trenches and what do they have to do with plastics?**
    A. Small islands. They are polluted by plastics.
    B. Deep underwater canyons. All deep water is polluted by plastics.
    C. A ship for deep water research. It discovered deep water plastic pollution.
    D. A department of the University of Newcastle. It has branches in Peru and Chile.

87. **What is one way microplastic particles get into the sea?**
   A.   They grow naturally there.
   B.   No one really knows.
   C.   Sea animals produce plastics.
   D.   They are dumped into seas via sewers and rivers.

88. **Jamieson says of plastic pollution that "once it's in the deep sea where is the mechanism to get it back?" What does he mean?**
   A.   Getting plastic particles out of the water requires highly complex mechanisms.
   B.   It is easy to find a way to take plastic particles out of the water.
   C.   No one knows how to get plastic particulars out of the water.
   D.   It is no use worrying about plastic particles any more.

89. **What does the research team think about the long-term effects of plastic particles on sea creatures?**
   A.   They will know soon.
   B.   It is impossible to tell.
   C.   It is not important enough to worry about.
   D.   No matter how bad it looks, everything will turn out well in the end.

90. **What is the best title for this article?**
   A.   Let's have a vacation at sea
   B.   The unknown effects of plastics found in deepest ocean animals
   C.   Let's throw more plastics in the sea to feed sea animals
   D.   Everyone knows the effects of plastics on deep sea animals

Ⅹ. 次の会話を読み、設問の答として最も適切なものをA、B、C、Dの中から1つ選びなさい。

Jiro　: I had a terrible day on the train for Osaka.
Yuko　: What happened?
Jiro　: People could plainly see I have a cast on my leg and walk with a crutch. I went to the priority seats where four young men were sitting. Three were talking in low voices and joking. One was texting. I asked if one of the young men would give me a seat as I was in pain.
Yuko　: Did one of them give up his seat?
Jiro　: No. They just kept talking and texting.
Yuko　: That's terrible.
Jiro　: I did ask them if they were disabled. Sometimes people have disabilities that

are not noticeable at first.

Yuko : Good for you. Did they say anything to you?

Jiro : No. They just kept on talking and texting. It was like I was invisible.

Yuko : That's disgusting.

Jiro : The nice thing was that a lady offered me a seat. Then she went over to the young men and told them they had behaved badly.

Yuko : Great! What did they do?

Jiro : They ignored her, just as they had ignored me.

Yuko : Too bad the conductor wasn't there.

Jiro : The woman went and found the conductor in the other car. He told off the young men. They nodded and said they understood.

Yuko : Didn't the conductor say anything to you?

Jiro : In fact, he said I could claim a priority seat if I wanted to. At that point, however, the man next to me said he was getting off soon and offered the woman his seat. I thanked the conductor and said I preferred the woman's company to those young men.

Yuko : Well, at least you had that good experience thanks to those good people.

Jiro : Everything was fine until I was getting off. The commuters didn't wait until everyone had left the train. They nearly knocked me over. I was only glad I didn't break my leg again.

Yuko : The good thing is it's over. Have some tea with me.

91. What qualifies Jiro as a disabled person?

    A.   He can't find a seat on the train.

    B.   His leg has been seriously injured.

    C.   He must use a crutch.

    D.   B and C are both correct.

92. Why did Jiro have a terrible day on the train?

    A.   He broke his leg.

    B.   The train was delayed.

    C.   He was badly treated by rude passengers.

    D.   He took the wrong train.

93. What was wrong with the four young men?

    A.   They didn't let him sit in a "priority seat."

    B.   They were smoking.

    C.   They made jokes about Jiro's cast.

    D.   They were talking loudly.

94. **Why did Jiro ask the young men if they were disabled?**
   A. To make them angry.
   B. To see if they had invisible disabilities.
   C. To start a friendly conversation.
   D. To see if he was on the right train.

95. **How did the young men respond to Jiro?**
   A. They hit him.   B. They ignored him.
   C. They shouted at him.   D. They called the conductor.

96. **What did the woman do?**
   A. She gave Jiro her seat and then scolded the young men.
   B. She refused to give up her seat to Jiro though he was disabled.
   C. She scared the young men and they all ran away.
   D. She sat with the young men and chatted.

97. **What else did the woman do?**
   A. She got off the train.
   B. She went to sleep.
   C. She shared her bottled tea with Jiro.
   D. She found the conductor.

98. **What did the conductor say to Jiro?**
   A. To mind his own business.
   B. To get off the train.
   C. To take a priority seat if he wished.
   D. He asked how he broke his leg.

99. **Did Jiro take a priority seat?**
   A. Yes, he did.
   B. No, he preferred to sit with the woman.
   C. No, he preferred to stand.
   D. No, he ran away.

100. **What did Yuko say about Jiro's priority seat experience and nearly being pushed over?**
   A. She said at least he met good people and the bad experiences were over.
   B. She drank her tea and did not say anything in the end.
   C. She said Jiro should not take any trains until his leg got better.
   D. She said standing was good for his injured leg.

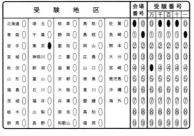

マークシート記入例

東京の本会場でC級を受験する、国連 太郎さん、受験番号が「東京01-40001」、生年月日が「1980年10月24日」の場合の記入例です。

【受験番号/氏名】
それぞれ受験票の記載通りに記入してください。

受験番号	東京01-40001
氏 名	国連 太郎

【受験地区】
受験記号・番号の、都道府県部分を塗りつぶしてください。

【会場番号】
都道府県部分に続く2桁の数字を塗りつぶしてください。

【受験番号】
ハイフン（−）以降の5桁の数字を塗りつぶしてください。

【受験級】
「C」と記入し、下段のC級部分を塗りつぶしてください。

【生年月日】
4桁の西暦・月・日を塗りつぶしてください。
10未満の月・日の十の位は、「0」を塗りつぶしてください。

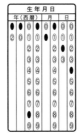

※HB以上の鉛筆を用いてマークをしてください。

※他の地区から会場を変更して受験する場合でも、受験票に記載されている受験地区・会場番号をマークしてください。

2019年
第1回試験
解答・解説

| I | 短い英文を 2 度聴いたあと,
その英文に対して適切な応答を選ぶリスニングテスト。10 問出題。 |

1.　解答：C

解説　気温がとても低く寒いと言っているので, 選択肢の中で最もふさわしい
応答は, C が正解。

ナレーション　It's bitterly cold today.

「きょうはとても寒いです」

A. 私はアイスクリームが大好きです。　　B. 暖かすぎるわ。
C. 冬が早くきましたね。　　D. 私も怒っています。

2.　解答：A

解説　話者は, 相手に水をもらっていいか尋ねているので, 選択肢の中で最も
ふさわしい応答は, A が正解。

ナレーション　May I have some water?

「水を少しいただけますか」

A. ええ, いいですよ。　　B. いま雨が降っています。
C. お風呂の準備ができました。　　D. はい, 私は少し欲しいです。

3.　解答：B

解説　話者が会議に遅れそうだと伝えているので, 選択肢の中で最もふさわし
い応答は, B が正解。

ナレーション　I'm going to be late for my meeting.

「私は会議に遅れそうです」

A. 私もうれしいです。　　B. どうか急がないでください。
C. 会議はなぜ遅れるのですか。　　D. 私は遅い夕食が好きです。

4.　解答：D

解説　話者は相手に彼に会うつもりかと尋ねているので，選択肢の中で最もふさわしい応答は，D が正解。

ナレーション　Will you see him today?
「あなたは彼にきょう会いますか」
A. はい，あなたは彼に会います。　　B. それはここから遠いです。
C. いいえ，彼は私に会いませんでした。　　D. はい，会います。

5.　解答：A

解説　話者は卵の調理法を相手に尋ねているので，選択肢の中で最もふさわしい応答は，A が正解。

ナレーション　How would you like your eggs?
「卵はどのように調理しましょうか」
A. 目玉焼きでお願いします。　　B. 私は卵より鶏肉が好きです。
C. 私は牛肉は好きではありません。　　D. 私は野菜が好きです。

6.　解答：B

解説　話者は歌手がコンサートを中止した理由を尋ねているので，選択肢の中で最もふさわしい応答は，B が正解。

ナレーション　Why did the singer call off the concert?
「その歌手はなぜコンサートを中止したのですか」
A. 彼女のファンはコンサートに行った。
B. 彼女は高熱が出た。
C. すべてのチケットは売り切れた。
D. そのコンサートはとても人気があった。

7.　解答：C

解説　Where was I? で「何の話をしていましたか，どこまで進みましたか」の意味なので，選択肢の中で最もふさわしい応答は，C が正解。

ナレーション　Now where was I?
「さて，私は何の話をしていましたか」
A. 私はお茶を飲んでいます。　　B. 私の猫は椅子にのっています。
C. あなたは私に物語を話していました。　　D. そうですか。

8. 解答：D

解説 話者は花が開花すると伝えているので，選択肢の中で最もふさわしい応
答は，D が正解。

ナレーション The flowers will bloom soon.

「花はすぐに咲くでしょう」

A. 私はすぐに帰宅します。

B. それではパンを焼きましょう。

C. 私は暖かいコートを買わなければなりません。

D. 私は桜を見るのが大好きです。

9. 解答：B

解説 話者は，地球温暖化は危険であることを相手に伝えているので，選択肢
の中で最もふさわしい応答は，B が正解。

ナレーション Global warming is hurting the Earth.

「地球温暖化は地球に害を及ぼしています」

A. ええ，暖かい天気は良いです。　　B. 私たちはそれを止めるべきです。

C. 夏はいつも暖かいです。　　D. 私たちは別の国に引っ越すべきです。

10. 解答：D

解説 話者は彼が有名な作家であることを伝えているので，選択肢の中で最も
ふさわしい応答は，D が正解。

ナレーション He's a famous writer.

「彼は有名な作家です」

A. 私はパリからあなたにお便りします。

B. 私は彼女が有名な作家だと確信しています。

C. どうかあなたの報告書を書いてください。

D. 彼はどんなものを書くのですか。

II 短い会話を 2 度聴いたあと，
その内容に関する質問を聴いて答えるリスニングテスト。10 問出題。

11. 解答：C

解説 女性はコートを着るように男性に言っているので寒いと伝えている。C
が正解。

A. 彼は天気を気にしなくてもよい。　B. きょうは暖かい。

C. きょうは寒い。　D. 彼は家にいるべきだ。

ナレーション

Man:　　What's the weather like?

Woman: Wear an overcoat.

Question　What does the woman mean?

（男）：天気はどうだろう？

（女）：コートを着てね。

質問　女性は何と言っていますか。

12.　解答：C

解説　男性は自分のガールフレンドが女性と同じようにその女性に好感を持っ
ていると言っている。Cが正解。

A. 彼のガールフレンドとその女性は似ている。

B. その女性たちは会ったことがない。

C. その女性たちは互いに好感を持っているようだ。

D. その女性たちは友だちにはならないだろう。

ナレーション

Woman: I like your girlfriend.

Man:　　She likes you too.

Question　What does the man mean?

（女）：あなたのガールフレンドが気に入ったわ。

（男）：彼女も君が好きだよ。

質問　男性は何と言っていますか。

13.　解答：B

解説　女性は男性の帰宅が遅くなるので，簡単な夕食を作ると言っている。B
が正解。

A. 彼はレストランに行くべきだ。

B. 彼女は軽い夕食を作るだろう。

C. 彼女は手の込んだ夕食を作るだろう。

D. 彼は自分で夕食を作ることができる。

35

Man:　　I'll be home late.

Woman: I'll make a sandwich for you.

Question　What does the woman mean?

（男）：僕は帰宅が遅くなるよ。

（女）：サンドイッチを作ってあげましょう。

質問　女性は何と言っていますか。

14.　解答：D

解説　男性は女性に車で職場まで送ってあげると言っている。give you a ride は「あなたを車で送る，あなたを車に乗せる」の意味。D が正解。

A. 彼は彼女の交通費を払うだろう。

B. 彼は彼女を職場から家まで連れて帰るだろう。

C. 彼は自分の車を彼女に貸すだろう。

D. 彼は彼女を車で職場まで送るだろう。

ナレーション

Woman: My car won't start.

Man:　　I'll give you a ride to work.

Question　What does the man mean?

（女）：私の車のエンジンがどうしてもかからないの。

（男）：僕が職場まで送ってあげよう。

質問　男性は何と言っていますか。

15.　解答：D

解説　女性は男性が泥棒から何も盗まれなかったと言ったことに運が良かったと言っている。break into は「侵入する，押し入る」の意味。D が正解。

A. 彼の家に泥棒が入ったのは良かった。

B. 彼は少しだけ失った。

C. 運よく警察が泥棒を捕まえた。

D. 彼は何も盗まれなかったので幸運だ。

ナレーション

Man:　　My house was broken into but nothing was taken.

Woman: You're lucky.

Question　What does the woman mean?

(男)：僕の家に泥棒が入ったけど何も取られなかったよ。

(女)：運が良かったわね。

質問　女性は何と言っていますか。

16.　解答：C

解説 男性もセーリングが好きだと言っている。Cが正解。

　　　A. 彼はセーリングが嫌いだ。

　　　B. 彼はセーリングをしたことがない。

　　　C. 彼はセーリングが好きだ。

　　　D. 彼はその女性と一緒にセーリングに行った。

ナレーション

Woman: I enjoyed sailing yesterday.

Man:　　I like sailing too.

Question　What does the man mean?

(女)：昨日はセーリングが楽しかったわ。

(男)：僕もセーリングが好きだよ。

質問　男性は何と言っていますか。

17.　解答：A

解説 女性は男性の結婚相手が自分の知っている人なのかと尋ねている。Aが正解。

　　　A. 彼は彼女の友人それとも知り合いと結婚したのですか。

　　　B. 彼は前に結婚していたのですか。

　　　C. 彼女は彼の新しい妻を知っています。

　　　D. 彼女はその男性と結婚しています。

ナレーション

Man:　　I got married yesterday.

Woman: To anyone I know?

Question　What does the woman mean?

(男)：僕は昨日結婚したんだ。

(女)：私の知っている人と結婚したの？

質問　女性は何と言っていますか。

18. 解答：A

解説 男性は良いホテルをいくつか知っていると言っている。more than one は「2つ以上」の意味。A が正解。

A. 彼は良いホテルを2つ以上知っている。
B. 彼は全然ホテルを知らない。
C. 彼は最高のホテルを提案するだろう。
D. 彼は東京の全てのホテルが立派だと思っている。

ナレーション

Woman: Where can I stay in Tokyo?

Man:　　I know several good hotels.

Question　What does the man mean?

（女）：東京でどこに泊まったらいいかしら。

（男）：僕はいくつか良いホテルを知っているよ。

質問　男性は何と言っていますか。

19. 解答：C

解説 with pleasure は「喜んで」の意味。C が正解。

A. 彼女は彼がお金がいることがうれしい。
B. 彼女は彼に全然お金を貸さないだろう。
C. 彼女は喜んで彼を助けるだろう。
D. 彼女はどうしたらいいのかわからない。

ナレーション

Man:　　Could you lend me ten dollars?

Woman: With pleasure.

Question　What does the woman mean?

（男）：僕に 10 ドル貸してくれる？

（女）：いいわよ。

質問　女性は何と言っていますか。

20. 解答：C

解説 男性は仕事でニューヨークに出張したと言っている。C が正解。

A. 彼は休暇中だった。
B. 彼は家にいた。

C. 彼は大事な仕事をしていた。

D. 彼はニューヨークに住む決心をした。

2019年
第1回
解答・解説

ナレーション

Woman: Where have you been all week?

Man:　　I had to fly to New York on business.

Question　What does the man mean?

（女）：1週間ずっとどこに行っていたの？

（男）：僕は仕事でニューヨークに飛行機で行かなければならなかったんだ。

質問　男性は何と言っていますか。

III まとまりのある内容の英文（300語前後）を2度聴いたあと，その内容に関する英語の質問を聴いて答えるリスニングテスト。10問出題。

21.　解答：A

解説 "Mari Suzuki Chen was born in Japan to an American father, Frank Chen, and a Japanese mother, Hiromi Suzuki" から，正解はA。

A. 母は日本人で父はアメリカ人です。

B. 母はアメリカ人で父は日本人です。

C. 両親ともアメリカ人です。

D. 両親とも日本人です。

22.　解答：C

解説 "Her mother and father told her she had a rare gift. She should write in both English and Japanese." から，正解はC。

A. 口頭で話をすること　　B. 宣伝を書くこと

C. 英語と日本語で物語を書くこと　　D. 出版社を経営すること

23.　解答：A

解説 "Her mother and father told her she had a rare gift." から，正解はA。

A. それは才能です。　　B. それは問題です。

C. それは普通です。　　D. それは役に立ちません。

39

24. 解答：D

解説 "Both her mother and father could immediately think of an excellent Japanese-American essayist and scholar in the United States, Akiko Miyamoto, who wrote in English, Japanese and French." から，正解は D。

A. マリの父　　B. マリの母　　C. マリ　　D. ミヤモト教授

25. 解答：C

解説 "She[Akiko Miyamoto] taught at a university in Palo Alto, California. Mari got a scholarship to Professor Miyamoto's university" から，正解は C。

A. 東京　　B. 神戸　　C. パロアルト　　D. サンフランシスコ

26. 解答：B

解説 "She advised Mari not to go for a doctorate." から，ミヤモト教授にはマリは博士課程に進学するよりも作家になることに興味があることがわかっているので，正解は B。

A. マリはひどい学者です。
B. マリは自身の最高の能力を伸ばすべきです。
C. マリはまったく現実的ではありません。
D. マリは博士号を取得して教授になるべきです。

27. 解答：D

解説 「あなたは英語と日本語で見事に書きます。是非両方の言語で物語を書いてください。でも日本があなたの故郷だから，日本で始めるといいでしょう」とミヤモト教授が言っており，日本で作家としての道を選ぶようにマリに助言していることから，正解は D。

A. マリはパロアルトにいて書くべきです。
B. 作家になるより学者になる方がマリには良いでしょう。
C. 彼女はどの言語で書くか選ぶべきです。
D. 彼女は日本で作家の仕事を始めるべきです。

28. 解答：B

解説 "Mari went home and took part-time jobs at universities and continued to write. One day a publisher contacted her and they decided to work together." から，正解は B。
A. 彼女はカリフォルニア州パロアルトとどまり，有名な作家になりました。
B. 彼女は日本に戻り，出版社を見つけるまで非常勤で働きました。
C. 彼女は神戸で大学の教授になりました。
D. 彼女はバイリンガルのテレビタレントになりました。

29. 解答：A

解説 "When she translated a bestselling Japanese novel of hers into English it became popular worldwide." から，正解は A。
A. マリの日本語の小説の英語翻訳版
B. ミヤモト教授とマリの友情
C. マリの英語と日本語の学術論文
D. マリの教師としての立派な名声

30. 解答：A

解説 "It's hard work. You always want a bestseller. But you never know how well a book will sell, if it sells at all." から，正解は A。
A. 大変な仕事で，本がどのくらい売れるのかわかりません。
B. 書くことは大変ではありませんし，本がベストセラーになるのがわかります。
C. 作家になるのは難しいですが，ひとたび作家として確立したら楽です。
D. あなたがバイリンガルだと本を出版することは難しくありません。

ナレーション

　　Mari Suzuki Chen was born in Japan to an American father, Frank Chen, and a Japanese mother, Hiromi Suzuki, in Kobe. Both her parents were writers. Her father wrote in English and her mother in Japanese. Mari became fluent in Japanese and English and became

41

completely a bi-lingual writer. At nineteen she first published a short story in Japanese. It won a prize. When she was twenty, she published a short story in English in the United States, which also won a prize.

"Which language should I write in?" she asked her mother and father. "I'm so confused,"

Her mother and father told her she had a rare gift. She should write in both English and Japanese.

"But who has ever heard of a writer writing in two languages?" she said.

Both her mother and father could immediately think of an excellent Japanese-American essayist and scholar in the United States, Akiko Miyamoto, who wrote in English, Japanese and French. She taught at a university in Palo Alto, California.

Mari got a scholarship to Professor Miyamoto's university with a combined bachelor's and master's degree program in Literature. Akiko Miyamoto became her advisor and friend. She advised Mari not to go for a doctorate.

"You are a fine scholar," Professor Miyamoto said. "But in your heart, you're an artist."

"Should I write in English or Japanese?" Mari asked.

Professor Miyamoto said, "You write beautifully in English and Japanese. Write your stories in both languages, by all means. But Japan is your home ground and you should start from there."

Mari went home and took part-time jobs at universities and continued to write. One day a publisher contacted her and they decided to work together.

When she translated a bestselling Japanese novel of hers into English it became popular worldwide.

A TV interviewer asked Mari, "What's being a writer like?" She answered: "It's hard work. You always want a bestseller. But you never know how well a book will sell, if it sells at all."

Questions   21. What nationalities are Mari's Mother and Father?

22. What is Mari's special talent?

23. What did Mari's parents tell her about writing in two languages?
24. Who writes in more than two languages?
25. Where was Mari's university?
26. Why did Professor Miyamoto tell Mari, "But in your heart, you're an artist"?
27. What did Professor Miyamoto mean by, "You write beautifully in English and Japanese. Write your stories in both languages, by all means. But Japan is your home ground and you should start from there"?
28. What did Mari do after she graduated from her university?
29. What became popular worldwide?
30. What does Mari tell the TV interviewer about writing?

訳例　マリ・スズキ・チェンの父はアメリカ人フランク・チェン，母は日本人ヒロミ・スズキで，神戸で生まれました。彼女の両親は両方とも作家でした。彼女の父は英語で，母は日本語で書きました。マリは日本語と英語が流ちょうになり，完全なバイリンガルの作家になりました。彼女は19歳のとき初めて短編を日本語で出版しました。その短編は賞を取りました。彼女は20歳のときアメリカで英語の短編を出版し，それがまた賞をもらいました。

「私はどちらの言葉で書いたらいいかしら？」と彼女は両親に尋ねました。「私にはわからないの。」

彼女の両親は彼女がまれな才能を持っていると彼女に言いました。彼女は英語と日本語両方で書くべきだと言いました。

「でも2言語で書く作家って聞いたことがある？」と彼女は言いました。

彼女の両親は英語，日本語そしてフランス語で書くアメリカの優秀な日系アメリカ人エッセイストで学者のアキコ・ミヤモトをすぐに思い浮かべました。彼女はカリフォルニアのパロアルトにある大学で教えていました。

マリはミヤモト教授の大学の学士と修士課程を組み合わせた文学専攻プログラムの奨学金をもらいました。アキコ・ミヤモトは彼女の指導教官および友人になりました。彼女はマリに博士課程に進まないようにアドバイスをしました。

「あなたは立派な学者です」とミヤモト教授は言いました。「でも心の中では，あなたは芸術家でしょう。」

「私は英語で書いたらいいのでしょうか，それとも日本語で？」とマリは尋ねました。

ミヤモト教授は「あなたは英語と日本語で見事に書きます。是非両方の言語

43

で物語を書いてください。でも日本があなたの故郷だから，日本で始めるといいでしょう」と言いました。

マリは日本に戻り大学の非常勤の仕事に就き，書き続けました。ある日，出版社から彼女に連絡があり，その出版社と一緒に働くことが決まりました。

彼女のベストセラーの日本語の小説を英語に翻訳したら，それが世界中で人気が高まりました。

テレビのインタビュアーはマリに「作家とはどんなお仕事ですか」と尋ねました。マリは「大変なお仕事です。いつもベストセラーになって欲しいと思っています。でも，本が売れたとしても，どのくらい売れるのかさっぱりわかりませんから」と答えました。

質問　21. マリの両親の国籍は何ですか。

　　　22. マリの特別な才能は何ですか。

　　　23. マリの両親は2つの言語で書くことについて彼女に何と言いましたか。

　　　24. 3つ以上の言語で誰が書きますか。

　　　25. マリの大学はどこにありましたか。

　　　26. ミヤモト教授はなぜマリに「でもあなたの心の中では，あなたは芸術家でしょう」と言ったのですか。

　　　27. ミヤモト教授が「あなたは英語と日本語で見事に書きます。是非両方の言語で物語を書いてください。でも日本があなたの故郷だから，そこから始めるといいでしょう」と言った意味は何ですか。

　　　28. マリは大学を卒業後，何をしましたか。

　　　29. 何が世界中で人気が出ましたか。

　　　30. マリはテレビのインタビュアーに書くことについて何と言っていますか。

| **IV** | 会話を2度聴いたあと，
その内容に関する英語の質問を聴いて答えるリスニングテスト。10問出題。 |

31.　解答：D

解説　"*Ichiro is talking to his English teacher in his college in Japan.*" から，正解は D。

A. 彼のトロントの英語の先生　　　B. 彼の高校の先生

C. 彼の中学校の先生　　　D. 彼の日本の大学の英語教師

32.　解答：A

解説　"How come you can write good essays in English, Ichiro?" から，正解は A。

　　A. イチローが英語で立派に書く理由　　B. イチローが生まれた場所

　　C. イチローの家族　　D. イチローの趣味

33.　解答：D

解説　"I attended junior and senior high school all together for six years." から，正解は D。

　　A. 3 年　　B. 4 年　　C. 5 年　　D. 6 年

34.　解答：C

解説　"I struggled for the first three to six months trying to understand what's going on at school." から，正解は C。

　　A. 彼はずっと問題があった。

　　B. 彼には少し難しかった。

　　C. 彼は一生懸命努力しなければならなかった。

　　D. 彼はすべてのことを英語で理解した。

35.　解答：B

解説　"The most helpful person was my junior high school English teacher. She always asked me to summarize the text we were using in class in my own words in English." から，正解は B。

　　A. 日常会話をすること

　　B. 彼の読んだテキストをまとめること

　　C. 彼の読んだテキストを翻訳すること

　　D. 彼の読んだテキストについて質問をすること

36.　解答：A

解説　"I got a lot of reading assignments and I had to learn to analyze the text in high school." から，正解は A。

　　A. リーディング課題の分析

　　B. リーディング課題について彼の気持ちを書くこと

C. 考えについて話すこと

D. ディスカッションを聞くこと

37. 解答：B

解説 "I read fiction such as *To Kill a Mockingbird, Macbeth, The Old Man and the Sea* and *Of Mice and Men.*" から，正解は B。

A.『1984 年』　　B.『老人と海』　　C.『戦争と平和』　　D.『罪と罰』

38. 解答：D

解説 "After reading the books, we discussed the text. The students exchanged their ideas and so developed their thoughts logically." から，正解は D。

A. 自信を持つため　　B. 他者に優越感を抱くため

C. 他者に劣等感を抱くため　　D. 自身の考えを理性的に構築するため

39. 解答：D

解説 "The ultimate goal of our English class was to be able to come up with an academic essay." から，正解は D。

A. 英語で会話をする能力

B. 英語の語学のテストで高得点を取ること

C. 英語の表現を暗記すること

D. 英語で学術的に書く能力

40. 解答：D

解説 "Our English teacher trained us to think and write systematically." から，正解は D。

A. 英語で会話をすること　　B. 印象を書く能力

C. 英語表現を集めること　　D. 論理的に考え，書くこと

ナレーション

Ichiro is talking to his English teacher in his college in Japan.

Teacher: How come you can write good essays in English, Ichiro?

Ichiro:　　I think I owe it to my education back in Toronto.

Teacher: Tell me about your education there.

Ichiro: I attended junior and senior high school all together for six years.

Teacher: Did you know English when you entered junior high school?

Ichiro: No, not in the least. I struggled for the first three to six months trying to understand what's going on at school. The most helpful person was my junior high school English teacher. She always asked me to summarize the text we were using in class in my own words in English.

Teacher: Was there anything else that helped you advance?

Ichiro: I got a lot of reading assignments and I had to learn to analyze the text in high school.

Teacher: What kind of books did you read in high school English class?

Ichiro: I read fiction such as *To Kill a Mockingbird, Macbeth, The Old Man and the Sea* and *Of Mice and Men.*

Teacher: What did you do in English class?

Ichiro: After reading the books, we discussed the text. The students exchanged their ideas and so developed their thoughts logically.

Teacher: How did you develop your writing skills?

Ichiro: The ultimate goal of our English class was to be able to come up with an academic essay. Our English teacher trained us to think and write systematically.

Teacher: No wonder you are an excellent student!

Questions 31. Who is Ichiro talking to?

32. What does the person Ichiro talking to want to know?

33. How long did Ichiro study in Toronto?

34. How was Ichiro in junior high school at the beginning?

35. What helped Ichiro's English best in junior high school?

36. What helped Ichiro to advance in his English study?

37. What was one of the books Ichiro read in high school

English class?

38. What was the purpose of discussion after reading according to Ichiro?

39. What had high school students needed to demonstrate finally?

40. How did Ichiro's high school English teacher train him?

訳例　イチローは日本の大学の英語の先生と話をしています。

先生：　　イチロー，君はどうして立派なエッセーが書くことができるの？

イチロー：それはトロントでの教育のおかげだと思います。

先生：　　あちらでの教育について話を聞かせて。

イチロー：僕はあわせて6年間，中学校と高校に行きました。

先生：　　中学校に入学したとき英語が理解できていたの？

イチロー：いいえ，全然わかりませんでした。僕は最初の3カ月から6カ月間は学校の授業を理解しようと必死で頑張りました。最も助けてくれた人は僕の中学校の英語の先生でした。彼女は授業で使っているテキストを自分の言葉を用いて英語でまとめるようにといつも言ってくれました。

先生：　　君が上達する助けとなったことは他にもある？

イチロー：高校では読む課題がたくさん出ましたし，テキストを分析することを学ばなければなりませんでした。

先生：　　高校の英語の授業ではどんな本を読んだの？

イチロー：僕は『アラバマ物語』，『マクベス』，『老人と海』や『二十日鼠と人間』のような物語を読みました。

先生：　　英語の授業ではどんなことをしたの？

イチロー：本を読んだ後テキストについてディスカッションをしました。生徒たちは意見の交換をし，そうすることによって思考を論理的に発展させていったのです。

先生：　　君は書き方の技法はどのように向上させたの？

イチロー：僕たちの英語の授業の最終ゴールは学術的な論文を書く能力を身に付けることでした。僕たちの英語の先生は，論理的に考え書くことができるように僕たちを教育してくれました。

先生：　　君が優秀な学生なのは当然だね。

質問　31. イチローは誰と話をしていますか。

　　　32. イチローが話している人は何を知りたがっていますか。

　　　33. イチローはトロントでどのくらいの期間勉強しましたか。

34. イチローは中学校に入りたての頃はどうでしたか。

35. 中学校でイチローの英語に最も役に立ったことは何でしたか。

36. イチローの英語の勉強が上達するのに何が役に立ちましたか。

37. 高校の英語の授業でイチローが読んだ本はどれでしたか。

38. イチローによると本を読んだ後にディスカッションをする目的は何でしたか。

39. 高校生は最終的にどんな能力を発揮する必要がありましたか。

40. イチローの高校の英語の先生は彼をどのように教育しましたか。

 V 英文の下線部の意味を最もよく表す語または語句を
4つの選択肢中から1つ選ぶ問題。10問出題。

41.　解答：B

解説　go for broke は「全力を尽くす」の意味なので，Bが正解。

訳例　彼はあの発明に全力を尽くすだろう。
　　　A. それを壊す　　　B. すべての危険を冒す
　　　C. 非常に慎重である　　　D. 関係しない

42.　解答：C

解説　play it safe は「用心する，大事をとる，危険を冒さない」の意味なので，Cが正解。

訳例　彼はオフィスで用心する傾向がある。
　　　A. 面白いゲームを使う　　　B. たくさん話す
　　　C. 行動に注意している　　　D. 仮眠をする

43.　解答：D

解説　self-made は「自力で出世した，独立独行の」の意味なので，Dが正解。

訳例　彼女は独立独行の人です。
　　　A. 孤独な　　　B. 家にいる　　　C. 疲れている　　　D. 独立した

44.　解答：B

解説　The sky's the limit. は「制限なしである，上限がない」の意味なので，Bが正解。

訳例　制限はありません。
　　　A. あなたはあまりもらえません。
　　　B. あなたはたくさんもらえます。
　　　C. あなたはあらゆるものを失うでしょう。
　　　D. あなたは飛び方を覚えなければなりません。

45.　解答：A
解説　beside oneself は「我を忘れて」の意味なので，A が正解。
訳例　私は賞をもらったとき，我を忘れていた。
　　　A. うれしかった　　B. 激怒していた
　　　C. 空腹だった　　D. 喉が渇いていた

46.　解答：D
解説　low-key は「穏やかな，控え目な，低姿勢の」の意味なので，D が正解。
訳例　私たちへの彼のスピーチは控え目でした。
　　　A. うるさい　　B. 自慢している　　C. よく準備された　　D. 控え目な

47.　解答：C
解説　spin は「(話，物語) を (長々と) 話す」の意味なので，C が正解。
訳例　彼女は良い話をする。
　　　A. 知っている　　B. 聞く　　C. 語る　　D. 忘れる

48.　解答：D
解説　give O credit for は「O の功績と認める」の意味なので，D が正解。
訳例　彼は彼女の偉業が彼女の功績であると認めました。
　　　A. 無視した　　B. 忘れた　　C. 真似した　　D. に対して彼女をたたえた

49.　解答：B
解説　restore は「修復する，復元する」の意味なので，B が正解。
訳例　私のクラシックカーは修復された。
　　　A. 壊された　　B. 修復された　　C. 売れた　　D. 変わった

50.　解答：A
解説　dull は「鈍い，鈍感な」，be dull to で「に対して鈍感である」の意味な

ので，A が正解。

訳例　彼は彼の部下の声に鈍感です。
　　　A. に関心がない　　B. を気にかける　　C. 歓迎する　　D. 理解する

VI 300 ～ 400 語程度のまとまりのある文を国連英検指定テキスト『わかりやすい国連の活動と世界［改訂版］』から抜粋し，その内容を把握しているかどうかを問う問題。10 題出題。

51.　解答：C

解説　"The 51 original Members of the United Nations were the States that took part in the San Francisco Conference or had previously signed the Declaration by United Nations, and which signed and ratified the charter." から，C が正解。

訳例　発足時，国連加盟国 51 カ国が国連加盟国になるために行ったことの 1 つは何ですか。
　　　A. 彼らは連合国宣言の署名をしなかった。
　　　B. 彼らは国連憲章について国連に提案した。
　　　C. 彼らはサンフランシスコ会議に出席した。
　　　D. 彼らは脅威となるために国連に援助を求めた。

52.　解答：D

解説　"Membership becomes effective on the date the Assembly accepts the application." から，D が正解。

訳例　本文の内容に合うものはどれですか。
　　　A. 国連加盟国にはどの国でも無条件でなれる。
　　　B. 国連に加盟を望む国はどの国でも，その国の政府に申込書を提出しなければならない。
　　　C. 総会が 5 分の 3 以上の多数により申し込み国を受け入れると加盟が決定される。
　　　D. 加盟は，総会が加盟を決定した日をもって発効する。

53.　解答：B

解説　"Japan joined the United Nations on 18 December 1956." から，B が正解。

訳例　本文の内容に合うものはどれですか。
　　　A. 安全保障理事会は新規加盟申請書と何の関係もない。
　　　B. 日本は 1956 年に国連に加盟した。

C. 国連加盟国は 2007 年に 2 倍になった。

D. 国連加盟国は憲章の義務を実行する必要はない。

---

54. 解答：A

解説 "the Congress of the United States unanimously resolved to invite the United Nations to establish its permanent home in the United States." から，A が正解。

訳例 1945 年に国連の常設本部をアメリカ合衆国に誘致したのはどの組織でしたか。

A. 米国議会　　B. 安全保障理事会　　C. 総会　　D. 経済社会理事会

---

55. 解答：B

解説 "On 14 December 1946, the General Assembly accepted an offer by John D. Rockefeller, Jr., of $8.5 million" から，B が正解。

訳例 1946 年 12 月 14 日に総会は何を受理しましたか。

A. 国連の常設本部をロンドンに誘致することを受理した。

B. ジョン・D・ロックフェラー 2 世からの寄付を受け入れた。

C. 常設本部をニューヨーク市のウェストサイドに誘致することを受理した。

D. 常設本部をサンフランシスコに移転することを受理した。

---

56. 解答：C

解説 "the first Secretary-General, Tygve Lie, appointed an American architect, Wallace K. Harrison, to guide the architectural and development plans in cooperation with a board of design consultants from 10 countries." から，C が正解。

訳例 本文の内容に合わないものはどれですか。

A. ニューヨーク市は国連常設敷地として，敷地内および隣接する土地を提供した。

B. ニューヨーク市は 3,000 万ドルの近隣地域改良工事計画を引き受けた。

C. トリグブ・リーはイギリスの建築家を指名して建築開発計画の指揮に当たらせた。

D. 礎石は 1949 年 10 月 24 日に据えられた。

---

57. 解答：B

解説 "Occupancy of the Secretariat building began in August 1950 and was completed the following June." から，B が正解。

訳例　本文の内容に合わないものはどれですか。
　　　A. ハリー・S・トルーマンは 1949 年に野外での総会本会議で演説を行った。
　　　B. 事務局ビルへの移転は 1951 年 7 月に完了した。
　　　C. 第 1 回安全保障理事会を 1952 年に新議場で開いた。
　　　D. 1952 年に新しい総会議場で初めての国連総会が招集された。

2019年
第1回
解答・解説

58.　解答：A

解説　set forth は「述べる」の意味だから，A が正解。

訳例　下線部（58）set forth の意味は何ですか。
　　　A. 記された　　B. 始まった　　C. 祝われた　　D. 研究された

59.　解答：D

解説　purchase は「購買」の意味だから D が正解。

訳例　下線部（59）purchase の意味は何ですか。
　　　A. 貯金　　B. 広げること　　C. 掘ること　　D. 買うこと

60.　解答：D

解説　immediate は「すぐ隣の，隣接する」の意味だから，D が正解。

訳例　下線部（60）immediate の意味は何ですか。
　　　A. いますぐ　　B. 広い　　C. 長い　　D. 近くの

訳例　　　発足時の加盟国 51 カ国は，サンフランシスコ会議に出席したか，それ以前に連合国宣言に署名し，のち国連憲章に調印，これを批准した国々である。
　　　　国連は，国連憲章の義務を受け入れ，その義務を履行する能力と意思があると認められるすべての平和愛好国に開放されている。加盟を望む国は安全保障理事会に，憲章に記された義務を受け入れるという声明書を含む申請書を提出する。安全保障理事会が新規加盟の勧告を行い，総会の 3 分の 2 以上の多数により加盟が決定される。加盟は，総会が加盟を決定した日をもって発効する。
　　　　日本が国連に加盟したのは，1956 年 12 月 18 日である。加盟国は 2012 年 6 月現在，当初の 3 倍以上の 193 カ国に達している。
　　　　******
　　　　1945 年 12 月 10 日，米国議会は国連の常設本部をアメリカ合衆国に誘致することを満場一致で決議した。ロンドンで開催された総会は，世界各国からの申し出や提案を審議した結果，1946 年 2 月 14 日に米国の誘致を受理した。
　　　　1946 年 12 月 14 日，総会は現在の敷地であるニューヨーク市マンハッタ

ン東42丁目と48丁目の間，西を国連広場（もと一番街の一部），東をイースト・リバーに囲まれた18エーカー（約64,000平方メートル）の土地購入のため，ジョン・D・ロックフェラー2世から850万ドルの寄付を受けた。ロックフェラーの寄付と同時に，敷地の一部を含む隣接地および河岸の使用権，地役権がニューヨーク市から提供された。ニューヨーク市はさらに，一番街の下を通る地下道路の建設を含む総工費3,000万ドルに及ぶ近接地域改良工事計画を引き受けた。

敷地が決まると，ドリグブ・リー初代事務総長はアメリカ合衆国の建築家ウォーレス・K・ハリソンを指名し，10カ国から成る設計顧問団と協力して建築開発計画の指揮に当たらせた。

礎石が据えられたのは国連デーにあたる1949年10月24日，野外での総会本会議においてハリー・S・トルーマン米大統領が演説を行った。事務局ビルへの移転が始まったのは1950年8月で，翌年6月に完了した。1952年早々に，新議場で第1回安全保障理事会が開かれ，同年10月には新しい総会議場において初めての国連総会が招集された。

VII	2つの文章に共通して用いられる語を1つ，選択肢の中から選ぶ問題。 10問出題。

61. 解答：C

解説 seal は他動詞で「に封をする」，名詞で「アザラシ，アシカ」の意味。正解は C。

訳例 「私は封筒に封をしましょう」
「私は海辺でアザラシを見ました」
A. 郵便　　B. 茂み　　D. クイズ

62. 解答：D

解説 land は自動詞で「（飛行機が）着陸する」，名詞で「国」の意味。正解は D。

訳例 「ジェット機はやがて着陸します」
「日本は私の国です」
A. 飛ぶ　　B. 場所　　C. 着く

63. 解答：D

解説 open は他動詞で「を開ける」，形容詞で「（提案・申し出・手助けなどを）受け入れる用意（余裕）がある」の意味。正解は D。

訳例 「どうかドアを開けてください」
　　　「私はあなたの考えを受け入れる用意があります」
　　　A. 遠い　　B. するつもりである　　C. 塗る

64.　解答：B
解説 sour は形容詞で「酸っぱい」「不快な，不愉快な」の意味。正解は B。
訳例 「私はサワークリームが好きです」
　　　「私はあのプロジェクトが不愉快です」
　　　A. ホイップ（泡だて用）　　C. 怒った　　D. 混乱している

65.　解答：C
解説 bat は名詞で「（野球・クリケットの）バット」「コウモリ」の意味。正解は C。
訳例 「私は野球のバットを買いました」
　　　「コウモリが私の上を飛びました」
　　　A. 猫　　B. マット　　D. ネズミ

66.　解答：A
解説 sick は形容詞で「病気の」，be sick of で「にうんざりして」の意味。正解は A。
訳例 「私は病気で寝ています」
　　　「あなたのうそにはうんざりしています」
　　　B. 眠っている　　C. とどまっている　　D. 座っている

67.　解答：B
解説 break は他動詞で「折る」，名詞で「休憩」の意味。正解は B。
訳例 「彼は運よく彼の脚を折りませんでした」
　　　「休憩しましょう」
　　　A. 引っ張る　　C. 休み　　D. 旅行

68.　解答：A
解説 ring は他動詞で「鳴らす」，名詞で「指輪」の意味。正解は A。
訳例 「どうかドアのベルを鳴らしてください」
　　　「まあ，あなたは私の指輪を見つけてくれたのですね」

B. 財布　　C. 押す　　D. 回す

69.　解答：C

解説　dip は名詞で「くぼみ，へこみ，ひと泳ぎ」，take a dip で「ひと泳ぎしに行く」の意味。正解は C。

訳例　「道路にくぼみがあります」
　　　「プールへひと泳ぎしに行きましょう」
　　　A. 隆起　　B. 穴　　D. 割れ目

70.　解答：A

解説　play は自動詞で「遊ぶ」，他動詞で「を演奏する」の意味。正解は A。

訳例　「私たちの犬と遊びましょう」
　　　「あなたはピアノが弾けますか」
　　　B. 眠る　　C. 食べる　　D. 追う

VIII	4つの文章の中で，文法的に用法が間違っているものを見つける問題。 10問出題。

71.　解答：B

I was born of → was born into a rich family.

「私は裕福な家庭に生まれた」

解説　born の用法を問う問題。A の was born は「生まれた」，C の born writer は「生まれながらの作家」，D の born and bred は「生粋の，生まれ育った」の意味。B は was born into で「(の家庭) に生まれる」の意味なので，was born of ではなく was born into が正しい。B が正解。

訳例　A. 私はカナダで生まれた。
　　　C. 彼は生まれながらの作家だ。
　　　D. 彼女はニューヨークで生まれ育った。

72.　解答：A

They are walking arms in arms → arm in arm.

「彼らは腕を組んで歩いている」

解説　arm の用法を問う問題。B の twist O's arm は「(人) の腕をねじる，(人) に圧力をかける」，C の with open arms は「両手を広げて，心から，温かく」，D の arms は「兵役」，receive a call to arms で「軍隊への召集

56

令を受ける」の意味。A は arm in arm で「腕を組んで」の意味なので，arms in arms ではなく arm in arm が正しい。A が正解。

訳例　B. 彼はコンサートに行くように私に圧力をかけた。
　　　C. 彼らは心から私を迎えた。
　　　D. 彼は軍隊への召集令を受けた。

73.　解答：B

What is <u>a capital</u> → <u>the capital</u> of Australia?

「オーストラリアの首都はどこですか」

解説　capital の語法を問う問題。A の capital punishment は「死刑」，C の capital は「資本（金）」，D の capital letters は「大文字」の意味。B は the capital で「首都」の意味なので a capital ではなく the capital が正しい。B が正解。

訳例　A. 私は死刑に反対です。
　　　C. 彼女は家を買う資金を十分持っています。
　　　D. どうかあなたの名前を大文字で書いてください。

74.　解答：D

The meeting <u>dragged up</u> → <u>dragged on</u> for a long time.

「その会議はだらだと長引いた」

解説　drag の用法を問う問題。A の a drag on は「の足手まとい，の重荷」，B の drag は他動詞で「引きずる」，C の drag O into は「（人など）を（困難，争いなど）に巻き込む」の意味。D は drag on で「だらだらと続く，長引く」という意味なので，dragged up ではなく dragged on が正しい。D が正解。

訳例　A. 彼女はプロジェクトの足手まといです。
　　　B. どうか家からその箱を引っ張り出してください。
　　　C. あなたの問題に私を巻き込まないでください。

75.　解答：C

The tire <u>has flat</u> → <u>is flat</u>.

「タイヤはパンクしている」

解説　flat の用法を問う問題。A の flat rate は「均一料金」，B の go (went) flat は「（ビールなどが）気が抜ける」，D の flat は「アパート」の意味。C

57

の下線部は「(タイヤなどが) パンクしている」という意味なので，has flat ではなく is flat が正しい。C が正解。

訳例　A. 空港から市内へのタクシー料金は均一です。
　　　B. そのビールは気が抜けた。
　　　D. 彼女はアパートに住んでいる。

76.　解答：B

I have determined to be a doctor. <u>Periods</u> → <u>Period</u>.

「私は医者になる決心をしました。以上」

解説　period の語法を問う問題。A の period は「(の授業の) 時間，時限」，C の trial period は「試用 (お試し) 期間」，D の period は「終止符，ピリオド」の意味。B の下線部は「(この話は) これでおしまい，以上」という意味なので，Periods. ではなく Period. が正しい。B が正解。

訳例　A. 彼は 1 時間目の数学の授業が好きです。
　　　C. そのコンピューターには 1 カ月のお試し期間があります。
　　　D. 文章の終わりにピリオドをつけなければなりません。

77.　解答：A

Students <u>are subject</u> → <u>are subject to</u> the rules of the school.

「生徒は学校の規則に従います」

解説　subject の用法を問う問題。B の are subject (to) は「にかかりやすい，左右される，の影響を受けやすい」，C の subject は「科目」，D の subject は「話題」の意味。A の下線部は「服従している」という意味なので，are subject ではなく are subject to が正しい。A が正解。

訳例　B. 条件は予告なしに変更されることがあります。
　　　C. 私の好きな科目は英語です。
　　　D. そのことは話さないようにしましょう。

78.　解答：C

The toilet <u>is still use</u> → <u>is still in use</u>.

「トイレはまだ使用中です」

解説　use の語法を問う問題。A の could use は「が欲しい，いただけるとうれしいんだが」，B の use は「使う」，D の come into use は「使われ始める」の意味。C の下線部は「使用されている」の意味なので，is (still) use ではなく is (still) in use が正しい。C が正解。

訳例　A. 私は休暇が欲しい。
　　　B. どうかもう 1 つのドアを使ってください。
　　　D. その表現は使われるようになりました。

79.　解答：C

Please wake me up at quarters → a quarter to seven.

「どうか私を 7 時 15 分前に起こしてください」

解説　quarter の語法を問う問題。A の quarter は「25 セント硬貨」，B の quarter は「四半期」，D の at close quarters は「ごく近距離で」の意味。C の下線部は文脈から「15 分」の意味なので，quarters ではなく a quarter が正しい。C が正解。

訳例　A. 彼女はお釣りに 25 セント硬貨をくれた。
　　　B. その会社は第 1 四半期に利益を上げた。
　　　D. 私はその映画スターをごく近距離で見ることができた。

80.　解答：B

The new smart phones are on market → on the market.

「新しいスマートフォンが売り出されている」

解説　market の語法を問う問題。A の the stock market は「株式市場」，C の flea market は「のみの市」，D の market は「市場」の意味。B の下線部は文脈から「売りに出されて」の意味なので，on market ではなく on the market が正しい。B が正解。

訳例　A. 彼は株式市場でもうかりました。
　　　C. 彼女はのみの市に行くことが好きです。
　　　D. 私たちはすぐれた有機食品市場が必要です。

IX　300 語前後のまとまりのある文を読み，読解力を試す問題。
　　　空所補充，語句の並べ替え，語彙力，行間を読む力を問う問題を 10 問出題。

81.　解答：D

解説　Animals living in the deepest ocean trenches have been found with plastic fragments in their insides, according to new research published recently on man-made pollution. から，D が正解。

訳例　深い海溝に生息する動物はなぜ体内にプラスチック片があるのですか。

A. 彼らはプラスチック片を自然に成長させる。

B. 彼らは火山の爆発からプラスチック片を取り入れる。

C. 彼らは気候変動からプラスチック片を取り入れる。

D. 彼らは人為的汚染からプラスチック片を取り入れる。

82. 解答：C

解説 We produce over 300 million tons of plastics annually. から，C が正解。

訳例 1 年に何トンのプラスチックを私たちは生産しますか。

A. 5 兆トン　　B. 1 万 5,000 トン

C. 3 億トン　　D. 6,000 〜 1 万 1,000 トン

83. 解答：C

解説 These showed a widespread plastic contamination in fish, turtles, whales and sea birds. から，C が正解。

訳例 海洋表層部付近の研究は何を表していましたか。

A. 海洋動物に汚染はなかった。　　B. わずかの海域で汚染があった。

C. 海洋動物に広く汚染があった。　　D. 研究は決定的ではなかった。

84. 解答：B

解説 Until recently, most studies on plastic pollution have been close to the surface of the ocean. These showed a widespread plastic contamination in fish, turtles, whales and sea birds. から，B が正解。

訳例 魚, 亀, クジラ, そして海鳥にはどんな共通点がありましたか。

A. それらは漁師やハンターによって絶滅した。

B. それらはすべてプラスチック汚染により汚染された。

C. それらは全部捕鯨船を襲った。

D. それらはアラン・ジェイミーソンとプラスチックについて話し合った。

85. 解答：A

解説 During the course of expeditions dating back a decade Alan Jamieson from Newcastle University's School of Natural and Environmental Sciences and his team had accumulated dozens of specimens of a species of tiny shrimp that lives between 6000-

11,000 meters beneath the surface. から，A が正解。

訳例 アラン・ジェイミーソンと彼のチームは何をしましたか。
A. 彼らは深海のプラスチック汚染の研究をした。
B. 彼らは 6,000 〜 1 万 1,000 メートルの間に深海のホテルを建築した。
C. 彼らは海洋表層部の汚染のみの研究をした。
D. 彼らは浅瀬の海洋生物の研究をした。

86. 解答：B

解説 They decided to look for plastic and were astonished by how widespread the plastic contamination at extreme depths was. から，B が正解。

訳例 「それは日本沖に，ニュージーランド沖に，ペルー沖にあり，それぞれの海溝は並外れて深い」とジェイミーソンは述べています。海溝はどんなものでプラスチックとどんな関係がありますか。
A. 小さな島でプラスチックで汚染されている。
B. 深い水中の峡谷で，深水はすべてプラスチックで汚染されている。
C. 深水での研究のための船で，深水のプラスチック汚染を発見した。
D. ニューカッスル大学の学科で，ペルーやチリに分校がある。

87. 解答：D

解説 Microplastic particles are either dumped directly into the seas via sewers and rivers ... から，D が正解。

訳例 マイクロプラスチックの粒子が海に入る方法の 1 つは何ですか。
A. それらは海で自然に成長する。
B. 誰も本当のことは知らない。
C. 海洋動物はプラスチックを生産する。
D. それらは下水道や川を通って海へ捨てられる。

88. 解答：C

解説 "where is the mechanism to get it back?" は「プラスチック粒子を水から取り出す仕組みがないため，方法がわからない」という意味なので，C が正解。

訳例 「それが一旦深い海に入ると，それを取り戻す仕組みはどこにあるのでしょうか」とジェイミーソンは言っていますが，それはどんな意味ですか。
A. 水中からプラスチック粒子を取り出すことは高度で複雑な仕組みが必要で

61

ある。

B. 水中からプラスチック粒子を取り出す方法を見つけることは簡単である。

C. 水中からプラスチック粒子を取り出す方法を誰も知らない。

D. プラスチック粒子の心配をこれ以上しても無駄である。

89.　解答：B

解説　the team cautioned that it was nearly impossible to know what effect plastic ingestion was having on bottom-dwelling species. から，B が正解。

訳例　研究チームは海洋生物へのプラスチック粒子の長期の影響についてどう考えていますか。

A. 彼らはやがてわかるだろう。

B. わからない。

C. 心配するほど重要ではない。

D. どんなにひどく見えても，結局状況はすべて良くなるだろう。

90.　解答：B

解説　本文の内容からプラスチック粒子が深海に生息する海洋生物に与える影響が深刻で計り知れないことがわかる。B が正解。

訳例　この文章に最も適する題はどれですか。

A. 海でバケーションをしよう

B. 最深海動物に見つかったプラスチックの知られざる影響

C. 海洋動物に餌をやるためにもっとプラスチックを海に投げ入れよう

D. 深海動物へのプラスチックの影響を誰もが知っている

訳例　　最も深い海溝に生息する動物の消化管内からプラスチック片が見つかったという人為的汚染についての新しい研究が最近発表された。

　　私たちは3億トン以上のプラスチックを毎年生産する。少なくとも5兆のプラスチック片が海洋を漂っている。

　　最近までほとんどのプラスチック汚染に関する研究は，海洋の表層部付近を対象にしていた。これらの研究はプラスチック汚染が魚，亀，クジラ，そして海鳥に広がっていることを表していた。

　　いまでは英国の研究者たちは，6つの世界の最も深い海溝で小型のエビがプラスチックを摂取していることを発見したと述べている。フィリピンの東部にある地球で最も深いマリアナ海溝で，調べた生物の100パーセントが消化管にプラスチック繊維をもっていた。

　ニューカッスル大学の自然環境科学部のアラン・ジェイミーソンと彼のチームは，過去10年間の探検の過程で，水深6,000から1万1,000メートルの深海に生息する小型のエビのサンプルを多数集めた。彼らはプラスチックを見つける決意をし，深海部でプラスチック汚染が非常に広がっているのに驚いた。

　例えば太平洋南東にあるペルー・チリ海溝は，日本海溝から約1万5,000キロメートルのところにある。それでも両方の海溝でプラスチックが見つかった。

　「それは日本沖に，ニュージーランド沖に，ペルー沖にあり，それぞれの海溝は並外れて深い」とジェイミーソンは言った。彼らは非常に深い太平洋の周辺で一貫して動物の中にプラスチックを見つけた。ジェイミーソンはこれを阻止するのに時間を無駄にできないと主張している。

　マイクロプラスチックの粒子は，下水道や川を通って海に直接捨てられるか，時間が経つにつれてプラスチックの大きな塊が壊れて形成されるかのどちらかである。一度それらがバクテリアを集めはじめると，それらは重くなり沈んでいく。

　「だからこの地点から先に繊維が1本も海に入らないにしても，現在海にあるあらゆるものはやがて沈みます。そしてそれが一旦深い海に入ると，それを取り戻す仕組みはどこにあるのでしょうか」とジェイミーソンは尋ねた。

　プラスチック汚染がいまでは非常に深い所で広がっているので，プラスチックの摂取が海底に生息する種にどのような影響を与えるのかほとんどわからない，と研究チームは警告した。

X	まとまりのある会話文を読み，会話が行われている状況におけるイディオム，語彙力，コミュニケーションの力を試す問題。10問出題。

91. 解答：D

 "I have a cast on my leg and walk with a crutch." とジローが述べていることから，Dが正解。

訳例　ジローが座席を必要としていると考えられることは何ですか。
A. 彼は列車で座席を見つけることができない。
B. 彼は脚に重傷を負っている。
C. 彼は松葉杖を使わなければならない。
D. BとCは両方とも正しい。

92. 解答：C

 "I asked if one of the young men would give me a seat as I was in pain .... They just kept talking and texting." とジローが述べているこ

とから，C が正解。

訳例 ジローはなぜ列車でひどい目にあったのですか。
　　A. 彼は脚を折った。　　B. 列車は遅れた。
　　C. 彼は無礼な乗客にひどい扱いを受けた。　　D. 彼は列車を間違えた。

93. 解答：A

解説 "They just kept on talking and texting. I was like I was invisible." と
ジローが言っていることから，A が正解。

訳例 4 人の若者は何が不適切でしたか。
　　A. 彼らは「優先席」に彼（ジロー）を座らせなかった。
　　B. 彼らは喫煙していた。
　　C. 彼らはジローのギプスをからかった。
　　D. 彼らは大声で話していた。

94. 解答：B

解説 "Sometimes people have disabilities that are not noticeable at first."
とジローが述べていることから，B が正解。

訳例 ジローはなぜ若者たちに座席を必要としているのか尋ねたのですか。
　　A. 彼らを怒らせるため。
　　B. 彼らに見た目ではわからない障害があるのかを確かめるため。
　　C. 親しい会話を始めるため。
　　D. 彼が列車に乗り間違えていないか確かめるため。

95. 解答：B

解説 "They just kept on talking and texting. I was like I was invisible." と
ジローが述べていることから，B が正解。

訳例 若者たちはジローにどんな返事をしましたか。
　　A. 彼らは彼をたたいた。　　B. 彼らは彼を無視した。
　　C. 彼らは彼に怒鳴った。　　D. 彼らは車掌を呼んだ。

96. 解答：A

解説 "The nice thing was that a lady offered me a seat. Then she went
over to the young men and told them they had behaved badly." とジ
ローが言っていることから，A が正解。

訳例　その女性は何をしましたか
　　　A. 彼女はジローに席を譲り，それから若者を叱った。
　　　B. 彼女はジローに障害があるのに席を譲るのを断った。
　　　C. 彼女は若者たちを怖がらせ，彼らは皆逃げて行った。
　　　D. 彼女は若者たちと座りおしゃべりをした。

97.　解答：D
解説　"The woman went and found the conductor in the other car." とジローが言っていることから，D が正解。
訳例　その女性は他に何をしましたか。
　　　A. 彼女は列車を降りた。
　　　B. 彼女は眠った。
　　　C. 彼女はボトルに入っていたお茶をジローと飲んだ。
　　　D. 彼女は車掌を見つけた。

98.　解答：C
解説　"In fact, he said I could claim a priority seat if I wanted to." とジローが言っていることから，C が正解。
訳例　車掌はジローに何と言いましたか。
　　　A. 余計なお世話であること。
　　　B. 列車から降りること。
　　　C. よかったら優先席に座ること。
　　　D. ジローがどうやって脚を折ったのか尋ねた。

99.　解答：B
解説　"I thanked the conductor and said I preferred the woman's company to those young men." とジローが述べていることから，B が正解。
訳例　ジローは優先席に座りましたか。
　　　A. はい，座りました。　　B. いいえ，彼はその女性と一緒に座りたかった。
　　　C. いいえ，彼は立っている方がよかった。　　D. いいえ，彼は逃げて行った。

100.　解答：A
解説　"Well, at least you had that good experience thanks to those good people." "The good thing is it's over." とユウコが言っていることから，A が正解。

訳例　ユウコはジローの優先席の経験ともう少しで倒れるところだったことについて
　　　何と言いましたか。
　　　A. 彼女は少なくともいい人々に会えたことと，嫌な経験は終わったと言った。
　　　B. 彼女はお茶を飲み，結局何も言わなかった。
　　　C. 彼女はジローの脚が治るまでは列車には乗らないように言った。
　　　D. 彼女は怪我をしている脚のために立っている方がいいと言った。

訳例　ジロー：大阪行きの列車でひどい目にあったんだ。
　　　ユウコ：何があったの？
　　　ジロー：僕の足にギプスが付いているし，僕が松葉杖で歩いているのは見れば
　　　　　　　はっきりわかるだろう。僕が優先席に行くと４人の若い男性が座って
　　　　　　　いたんだ。３人は小さい声で話し冗談を言っていて，１人はメールし
　　　　　　　ていたんだ。僕は痛かったので誰か席を譲ってもらえないかと若者に
　　　　　　　尋ねたんだ。
　　　ユウコ：誰かが席をゆずってくれたの？
　　　ジロー：だめだったんだ。彼らはただ話し続け，メールしていたんだ。
　　　ユウコ：ひどいわ。
　　　ジロー：僕は彼らに座席を必要としているのかと聞くだけ聞いてみたんだ。見
　　　　　　　た目はわからないけれど座席が必要なことがあるからね。
　　　ユウコ：よく聞いたわね。彼らはあなたに何か返事したの？
　　　ジロー：いや，彼らはただ話したりメールしたりしていたんだ。僕は存在して
　　　　　　　いなかったんだよ。
　　　ユウコ：あきれたわ。
　　　ジロー：親切にも，ある婦人が僕に席を譲ってくれたんだ。それから彼女は若
　　　　　　　者のところに行き，彼らの態度がひどいと言ったんだ。
　　　ユウコ：素晴らしいわ。彼らはどうしたの？
　　　ジロー：彼らは彼女を無視したんだ。ちょうど僕を無視したようにね。
　　　ユウコ：車掌さんがいなかったのは残念ね。
　　　ジロー：その女性は別の車両に行き，車掌さんを見つけたんだ。車掌さんは若
　　　　　　　者たちを注意したんだ。彼らはうなずいてわかりましたと言ったんだ
　　　　　　　よ。
　　　ユウコ：車掌さんはあなたに何も言わなかったの？
　　　ジロー：実は，車掌さんは僕が座りたければ優先座席に座れると言ったんだ。
　　　　　　　でもその時僕の隣にいた男性が，もうすぐ降りるからと，その女性に
　　　　　　　彼の座席を譲ったんだ。僕は車掌さんにお礼を言い，あの若者たちよ
　　　　　　　りこの女性といる方がいいと伝えたんだ。
　　　ユウコ：へえ，親切な人々のおかげであなたは少なくともいい経験をしたのね。
　　　ジロー：僕が列車を降りるまでは万事うまくいっていたんだ。通勤客ときたら

66

我先にと列車を出たんだ。もう少しで僕は倒れるところだったよ。もう1回，足を折らなくてほっとしたよ。
ユウコ：いいことに，それはもう終わったということね。私とお茶を飲みましょう。

I

1. C　2. A　3. B　4. D　5. A　6. B　7. C　8. D　9. B　10. D

II

11. C　12. C　13. B　14. D　15. D　16. C　17. A　18. A　19. C　20. C

III

21. A　22. C　23. A　24. D　25. C　26. B　27. D　28. B　29. A　30. A

4

31. D　32. A　33. D　34. C　35. B　36. A　37. B　38. D　39. D　40. D

V

41. B　42. C　43. D　44. B　45. A　46. D　47. C　48. D　49. B　50. A

VI

51. C　52. D　53. B　54. A　55. B　56. C　57. B　58. A　59. D　60. D

VII

61. C　62. D　63. D　64. B　65. C　66. A　67. B　68. A　69. C　70. A

VIII

71. B　72. A　73. B　74. D　75. C　76. B　77. A　78. C　79. C　80. B

IX

81. D　82. C　83. C　84. B　85. A　86. B　87. D　88. C　89. B　90. B

X

91. D　92. C　93. A　94. B　95. B　96. A　97. D　98. C　99. B　100. A

2019年

第2回試験

問題

C級試験問題用紙

C級

外務省後援

２０１９年度第２回国際連合公用語

英語検定試験 (100分)

受験上の注意

1. 問題用紙は試験開始の合図があるまで開いてはいけません。その間に、この**受験上の注意を熟読**しておいてください。

2. **受験番号と氏名を解答用紙（マークシート）に記入してください。**

3. 解答用紙の配布は１人１部のみです。複数の配布は致しません。

4. 試験開始前は、答案への解答記入は禁止です。

5. マークシートの記入は、必ずＨＢ以上の濃い鉛筆を使って該当箇所を黒く塗りつぶしてください。書き間違いの場合は「アト」が残らないように消してください。マークシートは絶対に折ったり曲げたりしないでください。

6. 受験級、受験地区、会場番号、受験番号のマークシートへの記入は監督者の指示に従い、間違いなく記入してください。**(裏表紙の「マークシート記入例」参照)**

7. 試験問題についての質問は、印刷が不鮮明な場合を除き、一切受けつけません。

8. 中途退室の際は、マークシートを監督者に渡し、他の受験者の迷惑にならないように静かに退室してください。中途退室後の再入室はできません。

9. 試験中は他の受験者の妨げとなる行動は慎んでください。また携帯電話等の電源はお切りください。

10. マークシートは監督者に提出し、問題用紙はご自由にお持ち帰りください。

＊試験問題の複製や転載、インターネットへのアップロード等、いかなる媒体への転用を禁止します。

リスニングテストについて

1. リスニングテストは試験開始後、合図があってから実施されます。（40問あります）

2. リスニングテストが始まる前にリスニング問題の指示と内容を読んで、どういう形式のテストなのか、概要をつかんでおいてください。

3. テスト中の発言は、放送機器の具合が悪く放送された英語の聴き取りができない場合を除いて、しないようにしてください。

試験結果について

1. 試験の結果は2019年11月27日㈬頃に通知します。

2. その間に住所変更をされた方は、郵便局へ住所変更の届け出を忘れずに行ってください。

3. 発表前の試験結果のお問合せには応じられません。

公　益
財団法人　日本国際連合協会
http://www.unaj.or.jp/

I. これから短い英文を10言います。英文は2回言います。よく聞いて、会話が成り立つように最も適切なものをA、B、C、Dの中から1つ選びなさい。途中でメモを取ってもかまいません。

1. A. I am glad you brought your overcoat.
   B. July was unusually cool, wasn't it?
   C. I hope you drank a lot of water.
   D. July is always this hot in Europe.

2019年
第2回
問題

2. A. Yes, it is better now.
   B. I agree that we could do a better job.
   C. You're right: we must make war!
   D. You're entirely correct: we should give up.

3. A. About once a month.   B. I like Tokyo very much.
   C. Is it raining there now?   D. I used to live in Tokyo.

4. A. In France, last week.   B. At six this evening.
   C. She is very cute.   D. At ten in the morning.

5. A. It could be because of nervous tension.
   B. I'm glad the doctor examined you.
   C. You should have taken the examination.
   D. Good to know you passed the examination.

6. A. Aren't the cherry blossoms nice?   B. We should visit Rome in April.
   C. What's for dinner?   D. My train was delayed.

7. A. Where did you hide it?   B. Who took it?
   C. Was it expensive?   D. Could you drive it?

8. A. Oh, my cat wants to come in.   B. Let's have dinner.
   C. My cat is sleeping on the couch.   D. Are you done eating?

9. A. It certainly is beautiful.   B. Happy Birthday!
   C. Did you buy it?   D. Both A and B are correct.

10. A. Yes, I haven't sent it.
    B. You should be getting it very soon.
    C. Yes, thank you for your letter.
    D. Yes, I will write you a letter soon.

71

これから短い会話を10言います。会話は2回繰り返します。そのあと、会話の内容について10の質問をします。質問も2回繰り返します。よく聞いて、それぞれの質問の答えとして最も適切なものをA、B、C、Dの中から1つ選びなさい。途中でメモを取ってもかまいません。

11. A. It's more fun with a group.
    B. The group will encourage him to take chances.
    C. The group will look after him.
    D. It's very lonely to go by himself.

12. A. When will the contest finish?
    B. When is she going?
    C. Where will the contest be?
    D. What does she cook best?

13. A. There is nothing to seriously worry about.
    B. Climate change might cause a little trouble.
    C. Global warming, caused by climate change, is very serious.
    D. Everything can be fixed quickly.

14. A. We should find a way to reuse it.
    B. We ought to just forget about it.
    C. Ocean pollution is not caused by plastic.
    D. Except for small problems, plastic is good for us.

15. A. She'll find him a ride.
    B. She won't give him a ride.
    C. She'll give him a ride.
    D. She'll think about it.

16. A. There are many marathons in Dubrovnik.
    B. There are not many tourists in Dubrovnik.
    C. Tourists are friendly in Dubrovnik.
    D. There are too many tourists in Dubrovnik.

17. A. She won't quit her job.
    B. She thinks she'll find a new job.
    C. She found a new job.
    D. She won't work anymore.

18. A. Have coffee with steak and coffee afterwards.

     B. Have tea first and coffee later.

     C. First have both tea and coffee together.

     D. They will skip tea and dessert.

19. A. She got a perfect score.

     B. She failed.

     C. She barely passed.

     D. She didn't take the test.

20. A. He did reply.

     B. He didn't reply.

     C. He is not sure if he replied.

     D. There was no need to reply.

Ⅲ. これから英文を2回繰り返します。そのあと、内容について10の質問をします。質問も2回繰り返します。よく聞いて、それぞれの質問の答えとして最も適切なものをA、B、C、Dの中から1つ選びなさい。途中でメモを取ってもかまいません。

21. A. He believes competition is everything.

     B. He thinks helping each other is important.

     C. He does not care about students.

     D. He is not kind.

22. A. He was poor at English.

     B. He was good at English.

     C. He was barely passing English.

     D. He was neither poor nor good at English.

23. A. He studied English only for exams.

     B. He studied English only to chat.

     C. He studied English only to translate.

     D. He studied English to make it his own language.

24. A. Saburo's neighbor.   B. Saburo's teacher.

     C. Saburo's sister.   D. Saburo's classmate.

25. A. How to study English.   B. How to converse in English.

     C. How to impress teachers.   D. How to get high scores.

26. A. Talking to her friends in English.
   B. Reading many Japanese books.
   C. Memorizing Japanese translations.
   D. Doing assignments.

27. A. To learn English as a language.
   B. To learn English only for tests.
   C. To memorize many words.
   D. To memorize Japanese translations.

28. A. She learned how to study at a language school.
   B. She learned how to win competitions.
   C. She got tips for learning a language.
   D. She learned she was poor at learning foreign languages.

29. A. Toshiko got 97 marks.   B. Saburo got 97 marks.
   C. Saburo got 95 marks.   D. Both A and C are correct.

30. A. After Saburo helped Toshiko's English study.
   B. When he graduated from high school.
   C. When he graduated from junior high school.
   D. When he graduated from university.

Ⅳ. これから会話を2回繰り返します。そのあと、内容について10の質問をします。質問も2回繰り返します。よく聞いて、それぞれの質問の答えとして最も適切なものをA、B、C、Dの中から1つ選びなさい。途中でメモを取ってもかまいません。

Keiko and Jiro are talking.

31. A. Yesterday.   B. Last Monday.
   C. Last weekend.   D. Last month.

32. A. Shrines.   B. Tourists.
   C. Festivals.   D. Parks.

33. A. Photographers.   B. Souvenir shops.
   C. Mobs.   D. Temples.

34. A. Sightseeing.   B. Business.
   C. Seeing her friends.   D. Guiding tourists.

35. A. She sent her photos to a gallery.
    B. She phoned her friends.
    C. She read a guidebook.
    D. She checked the train schedule.

36. A. She worked at a department store.
    B. She helped foreign tourists.
    C. She took photos.
    D. She helped gallery people to set up her photo exhibition.

37. A. Teacher.   B. Gallery owner.
    C. Photographer.   D. Guide.

38. A. About eighty.   B. About ninety.
    C. Just hundred.   D. Over hundred.

39. A. Hotels.   B. Restaurants.
    C. Languages.   D. Overcrowding.

40. A. Helping keep culture alive and fresh in Kyoto.
    B. Experiencing different cultures.
    C. Learning different languages.
    D. Cooking international cuisine.

Ⅴ. 次の英文の下線部の意味を最もよく表す語または語句をA、B、C、Dの中から
   1つ選びなさい。

41. **She is a bag of nerves.**
    A. happy   B. nervous   C. intelligent   D. tired

42. **The doctor is always on call.**
    A. lost   B. not attentive
    C. very angry   D. ready

43. **She was overwhelmed.**
    A. surprised   B. interested   C. sad   D. indifferent

44. **He kept to his own kind.**
    A. lived with different people   B. was a very nice person
    C. lived with people like him   D. was always alone

75

45. **I was at my wits' end when I heard the news.**

A. was sad   B. was confused

C. was tired   D. was not interested

46. **I could have died when I spilled my soup.**

A. was in danger   B. was angry

C. wanted to laugh   D. was very embarrassed

47. **I don't like soap operas.**

A. melodramas   B. operas

C. showers   D. assignments

48. **He was pretty green when he started teaching.**

A. strange   B. old

C. inexperienced   D. rich

49. **I couldn't keep up with his lecture.**

A. understand   B. like

C. be interested in   D. stand

50. **She was spoiled by her parents.**

A. hurt   B. indulged

C. abandoned   D. killed

Ⅵ. 次の英文を読み、設問の答えとして最も適切なものをA、B、C、Dの中から1つ選びなさい。

The question of Korea came before the General Assembly in 1947. United Nations efforts to re-establish a unified Korean State through nationwide elections were not successful, and separate governments **(56)** came into being in north and south Korea in 1948—*the Democratic People's Republic of Korea (DPRK) and *the Republic of Korea, respectively.

That same year, the General Assembly created *the United Nations Commission on Korea to seek the **(57)** objectives laid out by the Assembly in November 1947, namely the re-establishment of the national independence of Korea, and the *withdrawal of all occupying forces.

On 25 June 1950, the United States and the United Nations Commission on Korea informed the United Nations that the Republic of Korea had been attacked by DPRK's forces. The same day, the Security Council called for a *cease-fire and withdrawal of DPRK forces to the 38th parallel. Two days later, as fighting continued, the Security Council recommended that United Nations Member States *furnish the necessary assistance to the Republic of Korea to *repel the attack and restore stability on the peninsula.

...

In 1974, the General Assembly urged the DPRK and the Republic of Korea to **(58)** further their dialogue to *expedite reunification. The DPRK and the Republic of Korea became Members of the United Nations in September 1991.

In December 1991, two agreements were signed: "The Agreement on *Reconciliation, *Non-Aggression, Cooperation and Exchange between the North and the South", and the Joint Declaration on the *Denuclearization of the Korean Peninsula—and agreement to ensure a **(59)** nuclear-weapons-free peninsula through inter-Korean inspections.

In March 1993, the DPRK announced its intent to withdraw from *the Nuclear Non-Proliferation Treaty (NPT) to which it had *acceded in 1985. In May the Security Council called upon the DPRK to reconsider its withdrawal. In December the Secretary-General visited the Republic of Korea and the DPRK to discuss the situation in the Korean Peninsula, including the nuclear inspections issue. In February 1994, the DPRK and *IAEA reached agreement on inspection of the country's seven **(60)** declared facilities. The inspections were completed in May.

注) *the Democratic People's Republic of Korea　朝鮮民主主義人民共和国
　　*the Republic of Korea　大韓民国
　　*the United Nations Commission on Korea　国連朝鮮委員会
　　*withdrawal　撤退　　　*cease-fire　停戦　　　*furnish　を供給する、提供する
　　*repel　を撃退する　　*expedite　促進する　　*reconciliation　和解
　　*non-aggression　不可侵　　*denuclearization　非核化
　　*the Nuclear Non-Proliferation Treaty　核不拡散条約
　　*accede　（しぶしぶ）応じる、従う　　　*IAEA　国際原子力機関

51. **Why did the General Assembly take up the question of Korea in 1947?**
　　A.　The United Nations did not want Korea to be unified into one nation.
　　B.　The United Nations' efforts to re-establish a unified Korean State through nationwide elections failed.
　　C.　The General Assembly wanted to establish two governments in Korea.
　　D.　Korea did not want to be interfered with by the United Nations.

52. **When did the General Assembly create the United Nations Commission on Korea?**
　　A.　1947　　　　B.　1948　　　　C.　1949　　　　D.　1950

53. **What did the United States and the United Nations Commission on Korea report to the United Nations on 25 June 1950?**
   A. The DPRK's government had assisted the Republic of Korea.
   B. The DPRK's forces had attacked the Republic of Korea.
   C. The Security Council had called for withdrawal of the Republic of Korean forces.
   D. The Security Council had recommended that United Nations Member States assist the DPRK.

54. **Which of the following is NOT true according to the text?**
   A. The DPRK became Member of the United Nations in 1991.
   B. Two agreements were signed in December 1991.
   C. The DPRK announced its intent to withdraw from the Nuclear Non-Proliferation Treaty in March 1993.
   D. The General Assembly called upon the DPRK to reconsider its withdrawal in May 1994.

55. **What did the DPRK and IAEA agree on in February 1994?**
   A. Inspection of the DPRK's seven declared facilities.
   B. Inspection of the Republic of Korea's seven declared facilities.
   C. Inspection of the United Nations' facilities.
   D. Inspection of the United States' facilities.

56. **What does the underlined part (56) came into being mean?**
   A. required   B. maintained   C. trained   D. appeared

57. **What does the underlined part (57) objectives mean?**
   A. aims   B. fights   C. nations   D. obligations

58. **What does the underlined part (58) further mean?**
   A. purchase   B. expose   C. encourage   D. prevent

59. **What does the underlined part (59)nuclear-weapons-free mean?**
   A. nuclear-weapons are allowed   B. nuclear-weapons are free
   C. nuclear-weapons are forbidden   D. nuclear-weapons are expensive

60. **What does the underlined part (60)declared mean?**
   A. delivered   B. hidden
   C. prevailed   D. announced

Ⅶ. 次の各組の文の空所には同じ語が入ります。最も適切なものをA、B、C、Dの中から1つ選びなさい。

61. Let's see the _____ tonight.　I want to _____ the violin.
    A. lion　　　B. play　　　C. buy　　　D. stars

62. My watch's _____ broke.　The _____ water is fresh.
    A. strap　　　B. hand　　　C. alarm　　　D. spring

63. How can I get _____ on the main road?　He hurt his _____.
    A. to　　　B. around　　　C. over　　　D. back

64. He _____ my words.　The rope _____ in the wind.
    A. twisted　　　B. liked　　　C. flew　　　D. repeated

65. Please keep a low _____.　She chose the university after reading the professor's _____.
    A. moon　　　B. distance　　　C. paper　　　D. profile

66. We went to _____ the ocean.　I'll _____ you later.
    A. call　　　B. see　　　C. purchase　　　D. bury

67. How did your party _____?　I will not _____ with him.
    A. cart　　　B. eat　　　C. go　　　D. talk

68. It's a _____ that I'm guilty.　I'm going to _____ down.
    A. go　　　B. lie　　　C. thrill　　　D. fall

69. She is a _____ student.　The diamond necklace is _____.
    A. brilliant　　　B. daily　　　C. fortunate　　　D. sensible

70. They must _____ over to the roadside.　Political _____ got him the job.
    A. ambition　　　B. tricks　　　C. pull　　　D. people

2019年
第2回
問題

79

VIII. 次のA、B、C、Dからなる各組の英文には下線部に誤りを含むものが1つあります。その文を選びなさい。

71. A. He <u>is all mouth</u>.
    B. His reputation was spread <u>by word of mouth</u>.
    C. She <u>has a big mouth</u>.
    D. Please <u>keep mouth shut</u> about the project.

72. A. She <u>got kick out of</u> keeping a diary.
    B. He got some <u>kick back</u> for renting his house.
    C. The medicine has started to <u>kick in</u>.
    D. When will the game <u>kick off</u>?

73. A. The mother <u>fed</u> her child.
    B. The printer needs to <u>be fed with</u> paper.
    C. He <u>got fed up with</u> the crowd on the train.
    D. My cat <u>feeds with</u> cat food.

74. A. <u>The name of the game</u> is tolerance.
    B. You should not <u>call him name</u>.
    C. Do you know a man <u>by the name of</u> Oliver Twist?
    D. He is a scientist <u>in name only</u>.

75. A. I'm glad you have come back <u>all in one piece</u>.
    B. Please play <u>a piece</u> by Beethoven.
    C. The earthquake broke the windows <u>to pieces</u>.
    D. Generally she does not like to <u>give people a piece of mind</u>.

76. A. I have <u>run out of</u> milk.
    B. He <u>ran up</u> a lot of debts.
    C. She <u>is running for Presidency</u>.
    D. He <u>ran across</u> his old friend yesterday.

77. A. She is <u>something</u> in the company.
    B. He <u>has something to do of</u> the incident.
    C. He is <u>something of an artist</u>.
    D. She <u>has something on</u> him.

78. A. She is <u>at the table</u>.

     B. Let's <u>bring</u> the agenda <u>to table</u>.

     C. We need to make <u>a table of contents</u>.

     D. He <u>waits tables</u>.

79. A. She is <u>good with numbers</u>.

     B. The patient's days <u>are numbered</u>.

     C. He <u>did a lot of number on</u> his rival.

     D. <u>A large number of</u> people came to the exhibition.

80. A. She is <u>a good company</u>.

     B. Her grandmother established <u>the company</u>.

     C. She <u>kept me company</u> in the afternoon.

     D. He works for <u>a theater company</u>.

IX. 次の英文を読み、設問の答えとして最も適切なものをA、B、C、Dの中から１つ選びなさい。

It isn't the number of tourists descending on Venice that bothers Italian food *blogger Monica Cesarato so much as the type of visitor.

Cesarato says that once visitors took days and even weeks to explore Venice, the City of Canals, spending money in local restaurants and businesses. Today they pile off cruise ships, go on quick tours run by non-locals and buy cheap Chinese souvenirs.

As millions of *holidaymakers head off to popular destinations in Europe and Asia, citizens say they cannot take much more.

Tourism creates jobs and wealth but has negative impacts, from environmental damage to the destruction of neighborhoods as residents are priced out by the rise of short-stay renting platforms such as Airbnb. With landlords able to make more money on holiday rentals than traditional leases, housing supply has shrunk, and permanent residents have been squeezed out.

There is now a *backlash creating anti-tourism movements from Amsterdam to Dubrovnik, Croatia.

The boom is down to a fast-expanding global middle class combined with a *proliferation of budget airlines and online travel agents that have made travel cheap and easy.

Marina Novella, professor of tourism and international development at the University of Brighton says that for decades tourism authorities and ministries have only measured success in terms of increased visitor numbers and argues, "This model no longer works, citing '*Disneyfication' of historic places."

Nowhere *epitomizes the problems as much as Venice. As visitor numbers soar, Venice's own population has fallen from 175,000 after World War Two to just over 50,000.

Travel experts say cruise ships *exacerbate "*overtourism" because passengers increase *congestion while spending little money locally.

Several European destinations including Dubrovnik, Bruges and the Greek island of Santorini, have put **(88)** restrictions on cruise ships. Barcelona's mayor has also promised **(89)** action.

The travel and tourism industry has suggested there should be a way to *disperse tourists away from congested spots. The industry argues that the harm of "overtourism" often *overshadows the many benefits tourism has brought, including the protection of lands and wildlife and the preservation of buildings that might otherwise **(90)** decay for lack of money.

注) *blogger　ブログを公開している人　　*holidaymakers　行楽客
　　 *backlash　反発　　*proliferation　激増
　　 *Disneyfication　ディズニーランド化
　　 *epitomize　縮図的に示す、の典型である　　*exacerbate　をさらに悪化させる
　　 *overtourism　過度の観光化　　*congestion　人の混雑や密集
　　 *disperse　分散させる　　*overshadow　の影を薄くする

81. What bothers Monica Cesarato most?
　A.　Food bloggers.
　B.　Many tourists.
　C.　The type of tourist.
　D.　Venice, the City of Canals.

82. What is Monica Cesarato's criticism of tourists nowadays?
　A.　They don't like quick tours.
　B.　They don't explore Venice individually.
　C.　They are not interested in buying cheap souvenirs.
　D.　They like to take time in learning about Venice.

83. Which of the following is NOT true about the effects of increasing tourism according to the text?
　A.　It creates wealth and jobs.
　B.　Landlords make more money on holiday rentals.
　C.　Permanent residents have been squeezed out.
　D.　Housing has become affordable.

84. **What is NOT making tourism easy?**
    A. A backlash creating anti-tourism movements.
    B. A fast-expanding global middle class.
    C. A proliferation of budget airlines.
    D. An increase of online travel agents.

85. **What is Marina Novella's definition of honestly successful tourism?**
    A. Successful tourism should be judged by the number of tourists.
    B. The criteria should not be just the number of tourists.
    C. Authorities must measure how much money tourists spent.
    D. Ministries have to make historic places like Disneyland.

86. **Why has Venice's population decreased?**
    A. Cruise ships supply local people with jobs on the ships.
    B. They left Venice to become tourists.
    C. Too many visitors made it hard for local people to live in Venice.
    D. They left Venice to bother the tourists.

87. **What is Venice's population now?**
    A. 50,000   B. 500,000   C. 150,000   D. 175,000

88. **What does the underlined part (88) restrictions mean?**
    A. residences   B. appointments
    C. agreements   D. limits

89. **What does the underlined part (89) action mean?**
    A. measures   B. methods   C. studies   D. allowances

90. **What does the underlined part (90) decay mean?**
    A. stay young   B. bring together
    C. keep updated   D. fall apart

X. 次の会話を読み、設問の答えとして最も適切なものをA、B、C、Dの中から1つ選びなさい。

Masao   : It sure is hot all over Japan today!
Harumi : It's now 40 degrees *centigrade outside.
Masao   : I've had to cancel my trip to France because of the record heat wave there.
Harumi : And now there are fires in Siberia. When is climate change going to end?
Masao   : Scientists say this is just the beginning of global warming.

Harumi : I know. Some scientists say we have only a few years to reverse climate change.

Masao : Yes, at some point climate change will be *irreversible.

Harumi : It will kill millions of people and *disrupt all of our lives!

Masao : We may see the end of market economies in our lifetimes.

Harumi : We must do something! Can't we use environmentally friendly energy like wind and ocean power?

Masao : It may not be enough by itself. *Deforestation is reducing our oxygen.

Harumi : Can't we plant more trees? And stop killing bees and other useful insects?

Masao : We need to stop deforestation.

Harumi : Which is done for profit.

Masao : Ice is melting at both the North and South Poles. Water levels are rising. Huge storms are hitting us. And this is only going to get worse.

Harumi : Alternative energy "green" projects are good. Yet, we will still lose our coastline and many islands. We will still have huge heat waves. What will happen to us?

Masao : I don't know. Maybe all market economies will disappear and economies based on *conservation will take their place. Maybe our environment will eventually stabilize.

Harumi : We can always hope, can't we?

注) *centigrade 摂氏   *irreversible 取りかえしのつかない
*disrupt を混乱させる   *deforestation 森林伐採
*conservation 保護、保全

91. What's the weather like in Japan when this conversation takes place?
A. Warm.   B. Cool.   C. Hot.   D. Very hot.

92. What made Masao cancel his trip to France?
A. The weather.   B. Money problems.
C. Airlines strike.   D. Snow.

93. What is happening in Siberia?
A. Fires.   B. Floods.
C. Snow storms.   D. Trees blossoming.

94. What do scientists say about climate change?
A. It's only the beginning. B. It's near the end.
C. It is not really happening. D. They have no idea.

95. **Why do scientists say we have only a few years to reverse climate change?**
    A. Because they do not understand it.
    B. Because it may soon become irreversible.
    C. Because too many people will want it to stay.
    D. Because they need more time.

96. **What might climate change do, according to Masao and Harumi?**
    A. It will kill millions of people.
    B. It will preserve nature.
    C. It may end market economies.
    D. Both A and C are correct.

97. **What are some things that might reverse climate change according to Masao and Harumi?**
    A. Doing nothing.
    B. Supporting for-profit companies.
    C. Planting more trees, saving bees and other good insects and starting "green" energy projects.
    D. Moving to Siberia.

98. **What is happening at the North and South Poles?**
    A. Heavy snows are causing huge ice build-ups.
    B. Melting ice is causing sea levels to rise.
    C. People are moving to both the North and South Poles.
    D. There is no change at either the North or South Poles.

99. **What hope do Masao and Harumi see?**
    A. Climate change ending by itself.
    B. A strong market economy.
    C. An economy based on conservation.
    D. They see no hope.

100. **What is a good title for this conversation?**
    A. Climate Change is Good
    B. Climate Change is Dangerous
    C. Climate Change is not Important
    D. Climate Change is Over

マークシート記入例

東京の本会場でC級を受験する、<u>国連 太郎</u>さん、受験番号が「東京01-40001」、生年月日が「1980年10月24日」の場合の記入例です。

【受験番号/氏名】
それぞれ受験票の記載通りに記入してください。

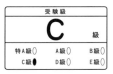

受験番号	東京01-40001
氏 名	国連 太郎

【受験地区】
受験記号・番号の、都道府県部分を塗りつぶしてください。

【会場番号】
都道府県部分に続く2桁の数字を塗りつぶしてください。

【受験番号】
ハイフン（－）以降の5桁の数字を塗りつぶしてください。

【受験級】
「C」と記入し、下段のC級部分を塗りつぶしてください。

受験級
C 級
特A級○ A級○ B級○
C級● D級○ E級○

【生年月日】
4桁の西暦・月・日を塗りつぶしてください。
10未満の月・日の十の位は、「0」を塗りつぶしてください。

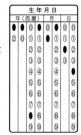

※HB以上の鉛筆を用いてマークをしてください。

※他の地区から会場を変更して受験する場合でも、受験票に記載されている受験地区・会場番号をマークしてください。

2019年
第2回試験

解答・解説

2019年 国連英検C級第2回試験
解答・解説

<table>
<tr><td>I</td><td>短い英文を2度聴いたあと,
その英文に対して適切な応答を選ぶリスニングテスト。10問出題。</td></tr>
</table>

1. 解答：C

解説 7月のヨーロッパがいつになく暑かったと伝えているので, 選択肢の中で最もふさわしい応答は, Cが正解。

ナレーション It was unusually hot when I was in Europe this July.
「今年の7月にヨーロッパにいたとき異常に暑かった」
A. あなたがコートを持ってきたのをうれしく思います。
B. 7月は非常に涼しかったですね。
C. あなたが水をたくさん飲まれたらいいのですが。
D. ヨーロッパでは, 7月はいつもこのくらい暑いです。

2. 解答：B

解説 話者は, 貿易問題の取り扱いを外交的にやっていただきたいと相手に伝えているので, 選択肢の中で最もふさわしい応答は, Bが正解。

ナレーション I wish our country could handle trade issues more diplomatically.
「私たちの国が貿易問題をもっと外交的に処理できたらいいのに」
A. ええ, いまではもっといいです。
B. もっとうまくやれると私も思います。
C. あなたが正しいです。私たちは戦争をするべきです。
D. あなたはまったく正しいです。私たちはあきらめるべきです。

3. 解答：A

解説 話者は東京を訪れる頻度を相手に尋ねているので, 選択肢の中で最もふさわしい応答は, Aが正解。

ナレーション　How often do you visit Tokyo?

「あなたはどのくらいの頻度で東京に行きますか」

A. だいたい1カ月に1回です。

B. 私は東京がとても好きです。

C. いまあちらでは雨が降っていますか。

D. 私は以前東京に住んでいました。

4.　解答：B

解説　話者は相手の恋人に夕食で会えるのはいつなのかを尋ねているので，選択肢の中で最もふさわしい応答は，Bが正解。

ナレーション　When will we meet your girlfriend for dinner?

「あなたの恋人に私たちはディナーでいつ会えますか」

A. 先週，フランスで。　　B. きょうの夕方6時に。

C. 彼女はとても可愛い。　　D. 朝の10時に。

5.　解答：A

解説　話者は試験後の胃痛の理由について相手に尋ねているので，選択肢の中で最もふさわしい応答は，Aが正解。

ナレーション　Why did I get a stomachache after the examination?

「試験の後，私はどうして胃が痛かったのでしょうか」

A. 神経が張り詰めていたからかもしれません。

B. 医者があなたを診察したので私はうれしく思います。

C. あなたは試験を受けるべきでした。

D. あなたが試験に合格したと知って良かったです。

6.　解答：D

解説　話者は遅れた理由について相手に尋ねているので，選択肢の中で最もふさわしい応答は，Dが正解。

ナレーション　Why are you late?

「あなたはなぜ遅れたのですか」

A. 桜の花が素敵だと思いませんか。

B. 私たちは4月にローマを訪れるべきです。

C. 夕食のメニューは何ですか。

D. 私の列車が遅れたのです。

7. 解答：C

解説　話者は帰宅するのにタクシーを使用しなければならなかったと伝えているので，選択肢の中で最もふさわしい応答は，C が正解。

ナレーション　I had to take a taxi home.

「私はタクシーで家に帰らなければならなかった」

A. あなたはそれをどこに隠したのですか。

B. 誰がそれを取ったのですか。

C. それは高かったですか。

D. あなたはそれを操縦してくださいますか。

8. 解答：A

解説　話者は外から聞こえる音について相手に尋ねているので，選択肢の中で最もふさわしい応答は，A が正解。

ナレーション　What's that noise outside?

「外のあの音は何でしょうか」

A. ああ，私の猫が中に入りたいのです。

B. 夕食にしましょう。

C. 私の猫はソファーの上で寝ています。

D. あなたは食べ終わりましたか。

9. 解答：D

解説　話者は誕生日に万年筆をもらったと言って相手に見せているので，選択肢の中で最もふさわしい応答は，D が正解。

ナレーション　I got this fountain pen for my birthday.

「私は誕生日にこの万年筆をもらった」

A. それは確かに素晴らしいですね。　　B. お誕生日おめでとう！

C. あなたはそれを買ったのですか。　　D. A と B は両方とも正しい。

10. 解答：B

解説　話者は自分に手紙を送ったのか相手に尋ねているので，選択肢の中で最もふさわしい応答は，B が正解。

ナレーション Did you send me a letter?

「あなたは私に手紙を送りましたか」

A. ええ，私はまだ送っていません。

B. あなたはそれをもうすぐ受け取るでしょう。

C. ええ，お手紙ありがとう。

D. はい，私はあなたにやがて手紙を書きます。

II 短い会話を2度聴いたあと，
その内容に関する質問を聴いて答えるリスニングテスト。10問出題。

11. 解答：C

解説 女性はもしもの時にグループで行くと安心だと男性に言っている。Cが
正解。

A. グループで行く方がもっと面白い。

B. グループが危険を冒すようにと勧める。

C. グループが気遣ってくれる。

D. 1人で行くと寂しい。

ナレーション

Man:　　I'm going mountain climbing!

Woman: To be safe, go with a group.

Question　What does the woman mean?

(男)：僕は登山に行くんだ。

(女)：安全のためにグループで行ってね。

質問　女性は何と言っていますか。

12. 解答：D

解説 男性は女性の得意な料理を尋ねている。Dが正解。

A. いつコンテストは終わるのですか。

B. 彼女はいつ行くのですか。

C. コンテストはどこであるのですか。

D. 彼女は何を一番うまく料理しますか。

ナレーション

Woman: I've been chosen to represent Japan in the International
Cooking Contest.

Man:　　What is your specialty?

Question　What does the man mean?

（女）：私は国際クッキングコンテストで日本代表に選ばれたの。

（男）：あなたの得意な料理は何ですか。

質問　男性は何と言っていますか。

13.　解答：C

解説　男性の気候変動の言及後，女性は関連する地球温暖化が危険な状況になっていることを述べている。Cが正解。

A. 深刻に心配することは何もない。

B. 気候変動は少し問題を起こすかもしれない。

C. 気候変動によって引き起こされた地球温暖化は非常に深刻だ。

D. あらゆることがすぐに解決できる。

ナレーション

Man:　　Climate change is more serious than scientists first thought.

Woman: Global warming might end civilization within a century!

Question　What does the woman mean?

（男）：気候変動は科学者が最初に考えていたよりもっと深刻だ。

（女）：地球温暖化は1世紀以内に文明を終わらせるかもしれないわ。

質問　女性は何と言っていますか。

14.　解答：A

解説　男性は女性にプラスチックの再利用方法を提案している。Aが正解。

A. 私たちはそれの再利用法を見つけるべきだ。

B. 私たちはそれについてはもう忘れる必要がある。

C. 海洋汚染はプラスチックが原因ではない。

D. 些細な問題を除いたらプラスチックは私たちにとってためになる。

ナレーション

Woman: Plastic waste is causing pollution in our oceans!

Man:　　Can't we recycle it somehow?

Question　What does the man mean?

（女）：プラスチックごみは海洋で汚染の原因になっているわ。

（男）：プラスチックのリサイクルは何とかできないのかな。

質問　男性は何と言っていますか。

15.　解答：C

解説 女性は男性が車で送ってもらえるかと尋ねたことに対して，問題なく引き受けている。Cが正解。

A. 彼女は彼を乗せてくれる人を見つけるでしょう。

B. 彼女は彼を車で送らないだろう。

C. 彼女は彼を車で送るでしょう。

D. 彼女はそれについて考えるでしょう。

ナレーション

Man:　　My motorcycle is out of gas. Can you give me a ride?

Woman: Without question!

Question　What does the woman mean?

（男）：僕のバイクはガソリンが切れているんだ。君の車で僕を送ってくれる？

（女）：もちろんよ。

質問　女性は何と言っていますか。

16.　解答：D

解説 男性は観光客が多すぎると言っている。Dが正解。

A. ドゥブロヴニクではたくさんマラソンがある。

B. ドゥブロヴニクにはそんなに観光客はいない。

C. ドゥブロヴニクでは観光客が親切だ。

D. ドゥブロヴニクには観光客が多すぎる。

ナレーション

Woman: Should I visit Dubrovnik for a few days?

Man:　　Unfortunately, Dubrovnik is overrun by tourists.

Question　What does the man mean?

（女）：2，3日間ドゥブロヴニクを訪れてみましょうか。

（男）：残念だけどドゥブロヴニクは観光客であふれているよ。

質問　男性は何と言っていますか。

93

17. 解答：B

解説 女性は仕事を辞めても，やりたい仕事に就くことができると述べている。
land は「(得難い仕事など) を手に入れる」という意味。B が正解。

A. 彼女は仕事を辞めない。

B. 彼女は新しい仕事を見つけるだろうと思う。

C. 彼女は新しい仕事を見つけた。

D. 彼女はもう働かないだろう。

ナレーション

Man: Is it wise to quit your job?

Woman: I'm sure I'll land the one I want.

Question   What does the woman mean?

(男)：あなたの仕事を辞めるのは懸命かな？

(女)：きっと私のやりたい仕事に就けると思うわ。

質問　女性は何と言っていますか。

18. 解答：B

解説 男性はステーキにはお茶を，デザートにはコーヒーをと提案している。
B が正解。

A. ステーキと一緒にコーヒーを飲み，その後コーヒーにする。

B. 最初にお茶，その後コーヒーにする。

C. 最初にお茶とコーヒー両方を飲む。

D. 彼らはお茶とデザートは省く。

ナレーション

Woman: Shall we have coffee or tea with our steak?

Man: How about tea first, then coffee with dessert?

Question   What does the man mean?

(女)：ステーキと一緒にコーヒーかお茶を飲む？

(男)：まずお茶にして，デザートのときにコーヒーにしたらどうだろう？

質問　男性は何と言っていますか。

19. 解答：A

解説 女性は最高にうまくできたと言っている。A が正解。

A. 彼女は満点を取った。　　B. 彼女は不合格だった。

C. 彼女はやっと合格した。　　D. 彼女は試験を受けなかった。

ナレーション

Man:　　How was your driving test?

Woman: I couldn't do any better.

Question　What does the woman mean?

（男）：運転免許試験はどうだった？

（女）：最高にうまく行ったわ。

質問　女性は何と言っていますか。

20.　解答：B

解説　男性は返事することを忘れていたと言っている。slip O's mind は「（事が）（人）に忘れられる」という意味。B が正解。

A. 彼は実際に返事した。　　B. 彼は返事しなかった。

C. 彼は返事したかどうか確信がない。　　D. 返事する必要がなかった。

ナレーション

Woman: Have you replied to the invitation?

Man:　　It slipped my mind.

Question　What does the man mean?

（女）：あなたは招待に返事したの？

（男）：忘れていた。

質問　男性は何と言っていますか。

III　まとまりのある内容の英文（300 語前後）を 2 度聴いたあと，その内容に関する英語の質問を聴いて答えるリスニングテスト。10 問出題。

21.　解答：B

解説　"Saburo is a high school English teacher who teaches his students to learn English and other subjects through helping and respecting each other rather than through competition." から，正解は B。

A. 彼は競争がすべてだと信じている。

B. 彼は互いに助け合うことが重要だと考える。

C. 彼は生徒のことは気にかけない。

D. 彼は優しくない。

22. 解答：B

解説 "When he was a high school student, he was already good at English" から，正解は B。
  A. 彼は英語が苦手だった。
  B. 彼は英語が得意だった。
  C. 彼はやっと英語に合格した。
  D. 彼は英語が苦手でも得意でもなかった。

23. 解答：D

解説 "he studied English to make it his native language just like Japanese. He did not study English only for the tests but he studied it to make it his own language." から，正解は D。
  A. 彼はテストだけのために英語を勉強した。
  B. 彼はしゃべるためだけに英語を勉強した。
  C. 彼は翻訳するためだけに英語を勉強した。
  D. 彼は自身の言語にするために英語を勉強した。

24. 解答：D

解説 "Toshiko, his classmate" から，正解は D。
  A. サブローの近所の人　　B. サブローの先生
  C. サブローの妹（姉）　　D. サブローのクラスメート

25. 解答：A

解説 "One day Toshiko, his classmate asked him how she should study English." から，正解は A。
  A. 英語の勉強方法　　B. 英語で話す方法
  C. 先生を感心させる方法　　D. 高得点を取る方法

26. 解答：C

解説 "I've spent so much time memorizing words and phrases and Japanese translations" から，正解は C。
  A. 彼女の友達に英語で話しかけること
  B. 多くの日本語の本を読むこと

C. 和訳を暗記すること

D. 課題をすること

27. 解答：A

解説 "Saburo guided Toshiko through how she could understand English as a language by studying with him." から，正解は A。

A. 英語を言語として学ぶこと

B. 英語をテストのためだけに学ぶこと

C. 多くの単語を覚えること

D. 和訳を暗記すること

28. 解答：C

解説 "Gradually she started to get tips for learning a language in a few hours." から，正解は C。

A. 彼女は語学学校で勉強する方法を学んだ。

B. 彼女は競争に勝つ方法を学んだ。

C. 彼女は言語を学ぶ秘訣を学んだ。

D. 彼女は外国語を学ぶことが苦手だということがわかった。

29. 解答：D

解説 "Toshiko got 97 and Saburo got 95 out of 100 full marks." から，正解は D。

A. トシコは97点を取った。　　B. サブローは97点を取った。

C. サブローは95点を取った。　　D. A と C は両方とも正しい。

30. 解答：A

解説 "Mainly he was glad that he could help Toshiko to become better at English. He also thought it would be great if he could become a teacher to encourage students through mutual respect and cooperation." から，正解は A。

A. サブローがトシコの英語の勉強を手伝った後

B. 彼が高校を卒業したとき

C. 彼が中学校を卒業したとき

D. 彼が大学を卒業したとき

Saburo is a high school English teacher who teaches his students to learn English and other subjects through helping and respecting each other rather than through competition. Let me tell you a story about how he became the teacher that he is.

When he was a high school student, he was already good at English because he studied English to make it his native language just like Japanese. He did not study English only for the tests but he studied it to make it his own language.

One day Toshiko, his classmate asked him how she should study English. She said, "I've spent so much time memorizing words and phrases and Japanese translations but I am still barely passing English." Saburo suggested that they study together so that he could help her.

Saburo guided Toshiko through how she could understand English as a language by studying with him. Gradually she started to get tips for learning a language in a few hours. The result of their efforts was amazing. She never expected to get an almost perfect score in the mid-term English exam but she did. Toshiko got 97 and Saburo got 95 out of 100 full marks.

This was when Saburo learned to help other people and be happy for them. Mainly he was glad that he could help Toshiko to become better at English. He also thought it would be great if he could become a teacher to encourage students through mutual respect and cooperation.

Years later he took the exam for teaching and became an English teacher as he wished.

Questions 21. What kind of teacher is Saburo?

22. How was Saburo's English when he was a high school student?

23. What was particular about Saburo's way of learning

English?

24. Who was Toshiko?

25. What did Toshiko ask Saburo?

26. What was one thing Toshiko did to study English?

27. What did Toshiko need to do to improve her English study?

28. What did Toshiko learn in a few hours by studying English with Saburo?

29. What was the result of the mid-term exam in English?

30. When did Saburo decide to become a humane teacher?

2019年
第2回
解答・解説

訳例　サブローは競争を通してではなく，生徒が互いに助け合い尊重することを通して，英語や他の科目を学ぶことを生徒に教える高校の英語の先生です。彼がどのようにそんな先生になったのかをお話ししましょう。

　彼が高校生のとき，ちょうど日本語のように，英語が彼の母語になるように勉強したので，彼はすでに英語が得意でした。彼は試験のためだけに英語を勉強したのではなく，英語を自身の言葉にするために勉強しました。

　ある日，彼のクラスメートのトシコが英語の勉強方法について彼に尋ねました。「私は単語や，語句，そして和訳を覚えるのにたくさん時間を費やしたけど，やっと英語に合格するぐらいなの」とトシコは言いました。サブローは彼女を助けるために一緒に勉強しようと提案しました。

　サブローは彼と勉強しながら彼女に英語を言語として理解することができるように導きました。だんだん彼女は数時間で言語を学ぶ秘訣がわかり始めました。彼らの努力の結果は驚異的でした。彼女は英語の中間テストでほとんど満点に近い得点を取れるとは全く予測していませんでしたが，そうなりました。トシコは100点満点中97点，サブローは95点を取りました。

　このことでサブローは他の人を助けその人たちの成功を喜ぶことを学びました。特にトシコの英語の上達を助けることができたことが彼はうれしかったのです。彼はまた互いに尊重し協力し合うことを通して生徒を励ます教師になれればいいなあと思いました。

　数年後，彼は教員の試験を受け，念願の英語の教師になりました。

質問　21. サブローはどんな先生ですか。

　　　22. サブローが高校生のとき，彼の英語はどうでしたか。

　　　23. サブローの英語学習の特徴は何でしたか。

　　　24. トシコはどんな人でしたか。

25. トシコはサブローに何を尋ねましたか。

26. 英語を勉強するためにトシコがしたことの１つは何でしたか。

27. 英語学習を向上させるためにトシコは何をする必要がありましたか。

28. サブローと英語を勉強することによりトシコは何を数時間で学びましたか。

29. 英語の中間テストの結果はどうでしたか。

30. サブローはいつ人間味のある先生になろうと決心したのですか。

Ⅳ 会話を２度聴いたあと，
その内容に関する英語の質問を聴いて答えるリスニングテスト。10問出題。

---

31. 解答：C

解説 "I visited Kyoto last weekend." から，正解は C。
A. 昨日　　B. 先週の月曜日　　C. 先週の週末　　D. 先月

---

32. 解答：B

解説 ジローが "Oh, it must have been terribly crowded with tourists." 観光客がたくさんいただろうと言っているがケイコは "It didn't bother me." と言っていることから，正解は B。
A. 神社　　B. 観光客　　C. 祭り　　D. 寺院

---

33. 解答：C

解説 "It would bother me: all those tourist mobs and their selfie sticks." から，正解は C。
A. 写真家　　B. 土産物屋　　C. 群衆　　D. 寺院

---

34. 解答：B

解説 "I had to be there on business." から，正解は B。
A. 観光　　B. ビジネス
C. 彼女の友人に会うこと　　D. 観光客を案内すること

35. 解答：A

解説 "I sent twenty photographs to a gallery in Gion-machi."から，正解は
A。
A. 彼女は写真をギャラリーに送った。
B. 彼女は友人に電話をした。
C. 彼女はガイドブックを読んだ。
D. 彼女は列車の予定表をチェックした。

36. 解答：D

解説 "I went there to help supervise my exhibition." から，正解は D。
A. 彼女はデパートで働いた。
B. 彼女は外国人観光客を助けた。
C. 彼女は写真を撮った。
D. 彼女はギャラリーの人たちが写真展を設営するのを手伝った。

2019年
第2回
解答・解説

37. 解答：C

解説 "Around eighty tourists bought my latest photography book."から，
正解は C。
A. 教師　　B. ギャラリーのオーナー　　C. 写真家　　D. ガイド

38. 解答：D

解説 "And over a hundred people signed my guest book."から，正解はD。
A. 約80人　　B. 約90人　　C. ちょうど100人　　D. 100人以上

39. 解答：D

解説 "Even though there are negative sides to tourism, like
overcrowding,"から，正解は D。
A. ホテル　　B. レストラン　　C. 言語　　D. 過密

40. 解答：A

解説 "there are positive sides too. Helping keep culture alive and fresh in
Kyoto is one example."から，正解は A。
A. 京都の文化を活性化させ新鮮に保つ助けとなること

101

B. 異なる文化を経験すること

C. 異なる言語を学ぶこと

D. 国際的な料理をすること

Keiko: I visited Kyoto last weekend.

Jiro:　What did you see there?

Keiko: I was mostly in Gion-machi.

Jiro:　Oh, it must have been terribly crowded with tourists.

Keiko: It didn't bother me. I know my way around Gion-machi.

Jiro:　It would bother me: all those tourist mobs and their selfie sticks.

Keiko: Look Jiro, when you know a place crowds are no longer disturbing. Anyway, I had to be there on business.

Jiro:　Oh, what sort of business?

Keiko: I sent twenty photographs to a gallery in Gion-machi. I went there to help supervise my exhibition.

Jiro:　Wow! Did a lot of people come?

Keiko: Yes! And many of them were tourists, both Japanese and foreigners.

Jiro:　That's really great! I now see there is a positive side to having many tourists in Kyoto.

Keiko: Around eighty tourists bought my latest photography book.

Jiro:　That's great! Was it a record sale?

Keiko: Yes, it was. And over a hundred people signed my guest book.

Jiro:　Gosh, I really have to look at tourism in a new way.

Keiko: Even though there are negative sides to tourism, like overcrowding, there are positive sides too. Helping keep culture alive and fresh in Kyoto is one example.

Jiro:　Can I come with you the next time you go to your exhibition?

Keiko: Sure. I'm going next Sunday. Will you mind the crowds of tourists?

Jiro:　Not at all! I have a positive view of tourists now!

Questions 31. When did Keiko visit Kyoto?

32. What did Keiko see in Gion-machi?

33. What is one thing that bothers Jiro?

34. What was Keiko's purpose of visiting Kyoto?

35. What did Keiko do before visiting Kyoto?

36. What did Keiko do in Kyoto?

37. What does Keiko do?

38. How many people signed Keiko's guest book?

39. What is one negative side of tourism according to the conversation?

40. What is one positive side of tourism according to the conversation?

訳例　ケイコ：私は先週京都に行ったの。

ジロー：そこで何を見たの？

ケイコ：ずっと祇園町にいたのよ。

ジロー：へえ，観光客でひどく混雑していたでしょう。

ケイコ：それは問題なかったわ。私は祇園町をよく知っているから。

ジロー：僕は嫌だな。あの観光客の団体や自撮り棒なんかがね。

ケイコ：あのね，ジロー，場所を知っていれば大勢の人は問題じゃないわ。とにかく私はビジネスで行っていたの。

ジロー：へえ，どんなビジネスなの？

ケイコ：写真を20枚祇園町にあるギャラリーに送っていたの。私の展示会の手配をしに行ったのよ。

ジロー：わあ，人がたくさん来たの？

ケイコ：来たわ。それも多くは日本人と外国人の旅行者だったわ。

ジロー：それは本当にすごいね。京都に多くの旅行者が来ることの利点がいま僕にわかってきたよ。

ケイコ：80人ぐらいの観光客が私の最新の写真集を買ったの。

ジロー：良かったね。これまでで一番よく売れたの？

ケイコ：そうなのよ。それに100人以上の人が芳名帳に記入してくれたの。

ジロー：わあ，僕は本当に観光を新しい見方で見なくちゃ。

ケイコ：観光には過密のような否定的な面があるけど，いい面もあるわ。京都の文化を活性化し新鮮に保つこともその1つだわ。

ジロー：君が次回展示会に行くとき僕も一緒に行っていい？

ケイコ：もちろんよ。来週の日曜日に行くわ。多くの観光客があなたは気になるかしら？

ジロー：全然気にならないよ！　観光客を肯定的に見るようになったからね。

質問　31. ケイコはいつ京都を訪れましたか。

32. ケイコは祇園町で何を見ましたか。

33. ジローが嫌なことの１つは何ですか。

34. ケイコが京都を訪れた目的は何ですか。

35. ケイコは京都に行く前に何をしましたか。

36. ケイコは京都で何をしましたか。

37. ケイコの仕事は何ですか。

38. 何人の人がケイコの芳名帳に記入しましたか。

39. 会話において観光のマイナス面の１つは何ですか。

40. 会話において観光のプラス面の１つは何ですか。

| V | 英文の下線部の意味を最もよく表す語または語句を
4つの選択肢中から１つ選ぶ問題。10問出題。 |

41.　解答：B

解説　be a bag of nerves は「ひどく緊張している（神経質な）」の意味なので，Bが正解。

訳例　彼女はとても緊張している。

　　　A. 幸せな　　　B. 神経質な　　　C. 知能の高い　　　D. 疲れている

42.　解答：D

解説　(be) on call は「（医者，警官などが）待機して（いる），呼び出しにいつでも応じられる」の意味なので，Dが正解。

訳例　その医者はいつでも呼び出しに応じられる。

　　　A. 途方にくれた　　　B. 注意を払わない

　　　C. 非常に怒っている　　　D. 準備ができた

43.　解答：A

解説　overwhelm は「困惑させる，圧倒する」の意味なので，Aが正解。

訳例　彼女は圧倒されていた。

　　　A. 驚いた　　　B. 興味を持っている　　　C. 悲しい　　　D. 無関心な

44.　解答：C

解説　keep to は「とどまる」，his own kind は「彼と同種類の人」の意味なので，C が正解。

訳例　彼は自身と同じような人たちと暮らした。
　　　A. 異なる人と暮らした　　B. 非常に素晴らしい人だった
　　　C. 彼のような人と暮らした　　D. 常に孤独だった

45.　解答：B

解説　at one's wits'end は「途方に暮れて，思案に暮れて」の意味なので，B が正解。

訳例　私はそのニュースを聞いたとき，途方にくれていた。
　　　A. 悲しかった　　B. 困惑した　　C. 疲れた　　D. 興味がなかった

46.　解答：D

解説　could have died は文脈から「（ショックなどで）死ぬかと思うほど恥ずかしかった」という意味なので，D が正解。

訳例　私はスープをこぼしたとき，死ぬほど恥ずかしかった。
　　　A. 危なかった　　B. 怒っていた
　　　C. 笑いたかった　　D. 非常に恥ずかしかった

47.　解答：A

解説　soap opera は「（テレビ・ラジオの）メロドラマ」の意味なので，A が正解。

訳例　私はメロドラマが嫌いです。
　　　A. メロドラマ　　B. オペラ　　C. にわか雨　　D. 課題

48.　解答：C

解説　green は「未熟な，経験不足の」の意味なので，C が正解。

訳例　彼は教師になりたての頃はかなり未熟だった。
　　　A. 奇妙な　　B. 年とった　　C. 経験のない　　D. 豊かな

49.　解答：A

解説　keep up with は「についていく」の意味なので，A が正解。

訳例　私は彼の講義についていくことができなかった。

A. 理解する　　B. 好む　　C. に関心を持つ　　D. 我慢する

50.　解答：B

解説　spoil は「を甘やかす」の意味なので，B が正解。

訳例　彼女は両親に甘やかされていた。
　　　A. 傷つける　　B. 甘やかした　　C. 見捨てた　　D. 殺した

VI　300 〜 400 語程度のまとまりのある文を国連英検指定テキスト『わかりやすい国連の活動と世界［改訂版］』から抜粋し，その内容を把握しているかどうかを問う問題。10 題出題。

51.　解答：B

解説　"United Nations efforts to re-establish a unified Korean State through nationwide elections were not successful," から，B が正解。

訳例　国連総会はなぜ 1947 年に朝鮮問題を取り上げたのですか。
　　　A. 国連は韓国に 1 つの国家になって欲しくなかった。
　　　B. 全国規模の選挙を通じて統一国家を再建しようとした国連の努力が失敗した。
　　　C. 総会は韓国に 2 つの政府を設置したかった。
　　　D. 韓国は国連から干渉されたくなかった。

52.　解答：B

解説　"and separate governments came into being in north and south Korea in 1948 — the Democratic People's Republic of Korea (DPRK) and the Republic of Korea, respectively.

That same year, the General Assembly created the United Nations Commission on Korea" から，B が正解。

訳例　総会はいつ国連朝鮮委員会を設置しましたか。
　　　A. 1947 年　　B. 1948 年　　C. 1949 年　　D. 1950 年

53.　解答：B

解説　"On 25 June 1950, the United States and the United Nations Commission on Korea informed the United Nations that the Republic of Korea had been attacked by DPRK's forces." から，B が正解。

訳例　アメリカ合衆国と国連朝鮮委員会は 1950 年 6 月 25 日に何を国連に対して報

告しましたか。

A. DPRK の政府が韓国を援助した。

B. DPRK 軍が韓国を攻撃した。

C. 安全保障理事会は韓国軍の撤退を呼びかけた。

D. 安全保障理事会は国連加盟国が DPRK を援助するよう勧告した。

54.　解答：D

解説 "In March 1993, the DPRK announced its intent to withdraw from the Nuclear Non-Proliferation Treaty (NPT) to which it had acceded in 1985. In May the Security Council called upon the DPRK to reconsider its withdrawal." から，D が正解。

訳例 本文の内容に合わないものはどれですか。

A. DPRK は 1991 年に国連加盟国になった。

B. 2 つの協定が 1991 年 12 月に調印された。

C. DPRK は 1993 年 3 月に核不拡散条約から脱退する意向を発表した。

D. 国連総会は 1994 年 5 月に DPRK に対して脱退の再考を呼びかけた。

55.　解答：A

解説 "In February 1994, the DPRK and IAEA reached agreement on inspection of the country's seven declared facilities." から，A が正解。

訳例 DPRK と国際原子力機関は 1994 年 2 月に何について合意しましたか。

A. DPRK の 7 つの公表された施設の査察

B. 韓国の 7 つの公表された施設の査察

C. 国連施設の査察

D. アメリカ合衆国の施設の査察

56.　解答：D

解説 come into being は「出現する，生まれ出る，設立される」の意味だから，D が正解。

訳例 下線部（56）came into being の意味は何ですか。

A. 要求した　　B. 持続した　　C. 訓練した　　D. 出現した

57.　解答：A

解説 objective は「目標」という意味だから，A が正解。

訳例 下線部（57）objectives の意味は何ですか。

107

A. 目標　　B. 戦闘　　C. 国家　　D. 義務

58.　解答：C

解説　further は他動詞で「を促進する」の意味だから，C が正解。

訳例　下線部 (58) further の意味は何ですか。
A. 購入する　　B. さらす　　C. 促進する　　D. 防止する

59.　解答：C

解説　nuclear-weapons-free は「核兵器のない」の意味だから，C が正解。

訳例　下線部 (59) nuclear-weapons-free の意味は何ですか。
A. 核兵器が許可されている　　B. 核兵器は無料である
C. 核兵器は禁止されている　　D. 核兵器は高価である

60.　解答：D

解説　declare は「公表する，発表する」の意味だから，D が正解。

訳例　下線部 (60) declared の意味は何ですか。
A. 届けた　　B. 隠れた　　C. 普及した　　D. 発表した

訳例　　朝鮮問題は 1947 年に初めて国連で取り上げられた。全国規模の選挙を通じて統一国家を再建しようとした国連の努力は失敗に終わり，1948 年には北と南にそれぞれ別個の政府が誕生した。朝鮮民主主義人民共和国 (DPRK) と大韓民国 (韓国) である。

　総会は 1948 年，1947 年 11 月に定めた朝鮮の独立の回復とすべての占領軍の撤退という目標を達成するため，国連朝鮮委員会を設置した。

　アメリカと国連朝鮮委員会は 1950 年 6 月 25 日，国連に対し，韓国が DPRK 軍によって攻撃されたと報告した。安全保障理事会は同日，停戦と DPRK 軍の 38 度線への撤退を呼びかけた。戦闘は続いたため安全保障理事会は 2 日後に国連加盟国に対し，攻撃を撃退して朝鮮半島に安定を回復するため，韓国に必要な援助を提供するよう勧告した。
　　…

　総会は 1974 年に DPRK と韓国に対し，統一を促進するための対話を進めるように促した。両国は 91 年 9 月，国連加盟国となった。

　1991 年 12 月，2 つの協定が調印された。「南北間の和解と不可侵および交流・協力に関する合意書」と，「朝鮮半島の非核化に関する共同宣言」である。この共同宣言は，両国相互間の査察を通じて核兵器のない朝鮮半島を築くことをめざしている。

DPRK は 1993 年 3 月，85 年に加盟していた核不拡散条約から脱退する意向を発表した。安全保障理事会は 5 月に DPRK に対し，脱退の再考を呼びかけた。12 月には事務総長が韓国と DPRK を訪れ，核査察問題を含む朝鮮半島情勢について話し合った。DPRK と国際原子力機関は 1994 年 2 月，同国の 7 つの公表された施設の査察について合意に達した。査察は同年 5 月に完了した。

VII 　2つの文章に共通して用いられる語を 1 つ，選択肢の中から選ぶ問題。
　　　10 問出題。

61.　解答：B

解説　play は名詞で「劇」，他動詞で「演奏する，弾く」の意味。正解は B。

訳例　「お芝居を今夜見ましょう」
　　　「私はバイオリンを弾きたい」
　　　A. ライオン　　C. 買う　　D. 星

62.　解答：D

解説　spring は名詞で「バネ」「泉」の意味。正解は D。

訳例　「私の時計のバネが壊れました」
　　　「その泉の水は新鮮です」
　　　A. バンド　　B. 手　　C. 警報

63.　解答：D

解説　get back は自動詞で「（場所に）戻る」，back は名詞で「背中，背」の意味。正解は D。

訳例　「どうしたら大通りに戻れますか」
　　　「彼は背中を痛めた」
　　　A.（の方）へ　　B. の周りに　　C. の上に

64.　解答：A

解説　twist は他動詞で「（言葉，意味など）を歪曲する，曲解する」，自動詞で「よれる，ねじれる」の意味。正解は A。

訳例　「彼は私の言葉を曲解した」
　　　「そのロープは風の中でねじれた」
　　　B. 好んだ　　C. 飛んだ　　D. 繰り返した

109

65. 解答：D

解説 profile は名詞で「紹介，プロフィール」の意味。keep a low profile で「低姿勢を保つ，目立たないようにしている」の意味。正解は D。

訳例 「どうか目立たないようにしていてください」
「彼女はその教授のプロフィールを見た後その大学を選択した」
A. 月　　B. 距離　　C. 論文

66. 解答：B

解説 see は他動詞で「(場所) を見る，見物する」，See you later! で「さよなら，それじゃまた」の意味。正解は B。

訳例 「私たちは海を見に行きました」
「それじゃまた」
A. 呼ぶ　　C. 購入する　　D. 埋める

67. 解答：C

解説 go は自動詞で「進行する，運ぶ」，go with で「一緒に行く，同行する」の意味。正解は C。

訳例 「あなたのパーティーはどうでしたか」
「私は彼と一緒に行きません」
A. 荷車　　B. 食べる　　D. 話す

68. 解答：B

解説 lie は名詞で「うそ」，自動詞で「横になる」の意味。正解は B。

訳例 「私に罪があるなんてうそです」
「私は横になります」
A. 行く　　C. スリル　　D. 落ちる

69. 解答：A

解説 brilliant は形容詞で「優秀な」「光り輝く」の意味。正解は A。

訳例 「彼女は優秀な生徒です」
「そのダイアモンドのネックレスは輝いている」
B. 毎日の　　C. 幸運な　　D. 分別のある

70. 解答：C

解説 pull over は自動詞で「(運転手が) 車を道の脇に寄せる」, pull は名詞で「手づる, コネ」の意味。正解は C。

訳例 「彼らは車を道の脇に寄せなければなりません」
「政治的なコネで彼は就職した」
A. 野心　　B. トリック　　D. 人々

Ⅷ 4つの文章の中で, 文法的に用法が間違っているものを見つける問題。
10問出題。

71. 解答：D

Please keep mouth shut → keep your mouth shut about the project.
「そのプロジェクトについてどうか秘密にしておいてください」

解説 mouth の用法を問う問題。A の be all mouth は「口先だけである, 言うだけで実行しない」, B の by word of mouth は「口コミで, 口伝えで」, C の have a big mouth は「ホラ吹きである, 口が軽い」の意味。D は keep one's mouth shut で「秘密にしておく」の意味なので, keep mouth shut ではなく keep your mouth shut が正しい。D が正解。

訳例 A. 彼は口先だけだ。
B. 彼の名声は口コミで広がった。
C. 彼女はホラ吹きだ。

72. 解答：A

She got kick out of → got a kick out of keeping a diary.
「彼女は日記をつけることに楽しみを覚えた」

解説 kick の用法を問う問題。B の kick back は「リベート, 割り戻し金」, C の kick in は「(薬が) 効き始める, 効果が出始める」, D の kick off は「始まる」の意味。A は get a kick out of で「を面白いと思う, に楽しみを覚える」の意味なので, got kick out of ではなく got a kick out of が正しい。A が正解。

訳例 B. 彼は家を貸してリベートをもらった。
C. その薬が効き始めた。
D. その試合はいつ始まるのですか。

111

73. 解答：D

My cat <u>feeds with</u> → <u>feeds on</u> cat food.

「私の猫はキャットフードを常食にしています」

解説 feed の語法を問う問題。A の fed は feed の過去形で「に食事を与える」，B の feed with は「補給する」，C の get fed up with は「に飽き飽きする」の意味。D は feed on で「を常食とする，を餌とする」の意味なので，feeds with ではなく feeds on が正しい。D が正解。

訳例 A. その母親は子どもに食事を与えた。
B. そのプリンターに紙を補給する必要がある。
C. 彼は列車の人混みにうんざりした。

74. 解答：B

You should not <u>call him name</u> → <u>call him names</u>.

「あなたは彼の悪口を言うべきではありません」

解説 name の用法を問う問題。A の the name of the game は「最も肝心なこと」，C の by the name of は「という名の」，D の in name only は「名ばかりの」の意味。B は call O names で「のN しる，の悪口を言う」という意味なので，call him name ではなく call him names が正しい。B が正解。

訳例 A. 最も肝心なことは寛容です。
C. オリバー・ツイストという名前の男性をあなたは知っていますか。
D. 彼は名ばかりの科学者です。

75. 解答：D

Generally she does not like to <u>give people a piece of mind</u> → <u>give people a piece of her mind</u>.

「彼女は概して人にずけずけ文句を言うのは好まない」

解説 piece の用法を問う問題。A の all in one piece は「無事に，無傷で」，B の piece は「作品，楽曲」，C の to pieces は「粉々に」の意味。D の下線部は give O a piece of one's mind で「（人）にずけずけ文句を言う」という意味なので，give people a piece of mind ではなく give people a piece of her mind が正しい。D が正解。

訳例 A. 私はあなたが無事に帰ってきてうれしいです。

B. ベートーベンの作品を演奏してください。
C. 地震で窓が粉々に壊れました。

76.　解答：C

She <u>is running for Presidency</u> → <u>is running for president</u>.

「彼女は大統領に立候補しています」

解説　run の語法を問う問題。A の run out of は「を使い果たす，切らす」，B の run up は「（借金などが）たまる」，D の run across は「に偶然出会う」の意味。C は run for president または run for the presidency で「大統領に立候補する」という意味なので，is running for Presidency ではなく is running for president または is running for the presidency が正しい。C が正解。

訳例　A. 私はミルクを切らしてしまいました。
　　　B. 彼は借金がたまった。
　　　D. 彼は昨日，旧友に偶然出会った。

77.　解答：B

He <u>has something to do of</u> → <u>has something to do with</u> the incident.

「彼はその出来事と何か関係があります」

解説　something の用法を問う問題。A の something は「重要人物，大物」，C の something of a ... は「ちょっとした〜，かなりの〜」，D の have something on (O) は「（人）に不利な情報を握っている」の意味。B の下線部は「何か関係がある」という意味で用いられているので，has something to do of ではなく has something to do with が正しい。B が正解。

訳例　A. 彼女はその会社で大物です。
　　　C. 彼はかなりの芸術家です。
　　　D. 彼女は彼に不利な情報を握っている。

78.　解答：B

Let's <u>bring the agenda to table</u> → <u>bring the agenda to the table</u>.

「協議事項を議事にかけましょう」

解説　table の語法を問う問題。A の at the table は「食事をしている」，C の

a table of contents は「(本の) 目次」, D の wait tables は「給仕係として働く」の意味。B の下線部は「議事にかける」の意味なので, bring ... to table ではなく bring ... to the table が正しい。B が正解。

訳例 A. 彼女は食事をしている。
　　　C. 私たちは目次をつくる必要があります。
　　　D. 彼は給仕係として働きます。

79.　解答：C

He did a lot of number on → did a lot of numbers on his rival.

「彼は彼のライバルを大いに傷つけた」

解説　number の語法を問う問題。A の good with numbers は「数学が得意で」, B の be numbered は「(余命などが) 限られている」, D の a large number of は「多くの」の意味。C の下線部は文脈から「をたいへん傷つけた」の意味なので, did a lot of number on ではなく did a lot of numbers on が正しい。C が正解。

訳例 A. 彼女は数学が得意です。
　　　B. その患者の余命はいくばくもない。
　　　D. 多くの人々が展覧会に来た。

80.　解答：A

She is a good company → good company.

「彼女は付き合って面白い人です」

解説　company の語法を問う問題。B の the company は「その会社」, C の keep (O) company は「(人) と一緒にいる,　(人) の相手をする」, D の a theater company は「劇団」の意味。A の下線部は文脈から「付き合って面白い人」の意味なので, a good company ではなく good company が正しい。A が正解。

訳例 B. 彼女の祖母がその会社を創設しました。
　　　C. 彼女は午後, 私と一緒にいました。
　　　D. 彼は劇団で働いています。

300 語前後のまとまりのある文を読み，読解力を試す問題。
空所補充，語句の並べ替え，語彙力，行間を読む力を問う問題を 10 問出題。

81. 解答：C

解説 It isn't the number of tourists descending on Venice that bothers Italian food *blogger Monica Cesarato so much as the type of visitor. から，C が正解。

訳例 モニカ・セサラトを最も悩ませていることは何ですか。
A. フード・ブロガー　　B. 多くの観光客
C. 特定の観光客　　D. 運河の都市，ベニス

82. 解答：B

解説 Cesarato says that once visitors took days and even weeks to explore Venice, the City of Canals, spending money in local restaurants and businesses. Today they pile off cruise ships, go on quick tours run by non-locals ... から，B が正解。

訳例 モニカ・セサラトのこのごろの観光客に対する批判は何ですか。
A. 彼らは短時間のツアーを好まない。
B. 彼らは個々にベニスを探検しない。
C. 彼らは安い土産物を買うことに関心がない。
D. 彼らはベニスについて学ぶことに時間をかけることを好む。

83. 解答：D

解説 With landlords able to make more money on holiday rentals than traditional leases, housing supply has shrunk, and permanent residents have been squeezed out. の下線部から，D が正解。

訳例 観光業を増やす影響について本文の内容と異なるものは次のどれですか。
A. それは富と仕事をつくる。
B. 家主はホリデイレンタルでもっともうける。
C. 定住者は無理やり住居から追い出される。
D. 住宅は手頃な価格になった。

84. 解答：A

解説 There is now a backlash creating anti-tourism movements from Amsterdam to Dubrovnik, Croatia. から，A が正解。

115

観光業を難しくしているのは何ですか。

 A. 反観光運動をつくりだした反発 B. 急速に拡大している世界の中産階級

 C. 格安航空会社の激増 D. オンライン旅行業の増加

85. 解答：B

解説 Marina Novella, professor of tourism and international development at the University of Brighton says that for decades tourism authorities and ministries have only measured success in terms of increased visitor numbers and argues, "This model no longer works, citing 'Disneyfication' of historic places." の下線部から B が正解。

訳例 マリナ・ノッヴェラは本当に成功している観光業をどのように定義していますか。

 A. 成功している観光業は観光客の数により判断すべきだ。

 B. 観光客の数だけが判断基準ではない。

 C. 当局は観光客が使う金額によって評価するべきだ。

 D. 省庁は史跡をディズニーランドのようにすべきだ。

86. 解答：C

解説 With landlords able to make more money on holiday rentals than traditional leases, housing supply has shrunk, and permanent residents have been squeezed out. の下線部から，C が正解。

訳例 ベニスの人口はなぜ減少したのですか。

 A. クルーズ船が地元の人たちに船上での仕事を提供する。

 B. 彼らは観光客になるためにベニスを去った。

 C. 過度の観光客のために地元の人たちがベニスに住むことが困難になった。

 D. 彼らは観光客を困らせるためにベニスを出て行った。

87. 解答：A

解説 As visitor numbers soar, Venice's own population has fallen from 175,000 after World War Two to just over 50,000. から A が正解。

訳例 今のベニスの人口はどのくらいですか。

 A. 5万人 B. 50万人 C. 15万人 D. 17万5,000人

88. 解答：D

解説 restriction は「制限」という意味なので，D が正解。

訳例　下線部（88）restrictions の意味は何ですか。
　　　A. 住宅　　B. 約束　　C. 協定　　D. 制限

89. 解答：A

解説 action は文脈から「方策」という意味なので，A が正解。

訳例　下線部（89）action の意味は何ですか。
　　　A. 方策　　B. 方法　　C. 学業　　D. 手当

90. 解答：D

解説 decay は「老朽化する，荒廃する」の意味。D が正解。

訳例　下線部（90）decay の意味は何ですか。
　　　A. 若いままでいる　　　B. 呼び集める
　　　C. 更新しておく　　　　D. ぼろぼろになる

訳例　　イタリアンフードのブロガーのモニカ・セサラトを悩ませているのは，ベニスにやって来る観光客の数ではなく観光客の種類である。

　　セサラトは，かつて観光客は運河の町ベニスを数日間，さらに数週間かけて観光し，地元のレストランやビジネスにお金を使ったと言う。今日では彼らはクルーズ船から大勢降りてきて，地元住民が運営していないツアーに急いで参加し，安い中国製の土産品を買う。

　　大勢の行楽客がヨーロッパやアジアの人気スポットに向かうにつれて，住民はこれ以上の行楽客を受け入れるのは無理だと言う。

　　旅行業は仕事や富を作り出したが，環境損傷から，Airbnb（エアービーアンドビー）のような短期滞在レンタル宿泊所の増加により住民が高い家賃を払えないという地域社会の破壊まで，マイナスの影響を及ぼしている。家主は昔ながらの賃貸借契約よりもホリデーレンタルの方がもうかっているが，住宅の供給が減り，定住者は無理やり出ていかなければならなくなっている。

　　いまでは反発が反観光運動となりアムステルダムからクロアチアのドゥブロヴニクにまで広がっている。

　　格安航空会社の激増と旅行が安く容易にできるようになったオンライン旅行業とが相まって，観光ブームは急速に拡大する世界の中産階級にとって落ち目になっている。

　　ブライトン大学の観光学と国際開発の教授マリア・ノヴェッラは，観光当局と省庁は数十年間，観光客数の増加の面においてのみ成功を評価したが，「史

跡の‘ディズニーランド化’を引き合いに出して，このやり方はもう通用しません」と主張する。

　ベニスほどその問題の典型になっている場所は他にない。観光客の数が増加するにつれて，ベニス自体の人口は第2次世界大戦後の17万5,000人から5万人をやっと超えた数に減少した。

　旅行の専門家は，乗客は地元ではほとんどお金を使わないが密集を作り出すため，クルーズ船は「過度の観光化」をさらに悪化させると言う。

　ドゥブロヴニク，ブールージュ，そしてギリシャのサントリーニ島を含むいくつかのヨーロッパの観光地は，クルーズ船に規制を設けた。バルセロナの市長は方策を約束した。

　旅行業界は混雑する場所から観光客を分散させる方法があるはずだと示唆した。「過度の観光化」による害は，土地や野生生物の保護や，資金不足のために観光業がなければ老朽化するかもしれない建築物の保存のような，観光がもたらした多くの利点に影を投げかけると旅行業界は主張する。

| X | まとまりのある会話文を読み，会話が行われている状況におけるイディオム，語彙力，コミュニケーションの力を試す問題。10問出題。 |

91. 解答：D

解説 "It sure is hot all over Japan today!"とマサオが述べていることから，Dが正解。

訳例　この会話が行われている時の日本の天気はどうですか。
　　A. 暖かい　　B. 涼しい　　C. 暑い　　D. とても暑い

92. 解答：A

解説 "I've had to cancel my trip to France because of the record heat wave there."とマサオが述べていることから，Aが正解。

訳例　マサオがフランス旅行をキャンセルした理由は何でしたか。
　　A. 天気　　B. お金の問題　　C. 航空会社のストライキ　　D. 雪

93. 解答：A

解説 "And now there are fires in Siberia."とハルミが言っていることから，Aが正解。

訳例　シベリアでは何が起きていますか。
　　A. 火事　　B. 洪水　　C. 吹雪　　D. 開花

94. 解答：A

解説 "Scientists say this is just the beginning of global warming."とマサオが述べていることから，Aが正解。

訳例 科学者は気候変動について何と言っていますか。
A. それは始まったばかりです。　B. それは終わりに近いです。
C. それは実際には起きていません。　D. 彼らには見当がつきません。

95. 解答：B

解説 ハルミは "Some scientists say we have only a few years to reverse climate change."と言い，"Yes, at some point climate change will be irreversible."とマサオが述べていることから，Bが正解。

訳例 科学者はなぜ気候変動を逆行させるのに数年しかないと言うのですか。
A. 彼らは理解できないから。
B. やがて逆行させることができなくなるかもしれないので。
C. あまりにも多くの人が気候変動が続いて欲しいと思うから。
D. 彼らはもっと時間が必要だから。

96. 解答：D

解説 ハルミは "It will kill millions of people and disrupt all of our lives!"と言い，マサオは "We may see the end of market economies in our lifetimes."と言っていることから，Dが正解。

訳例 マサオとハルミによると気候変動はどのような影響を及ぼしますか。
A. 多くの人々が死ぬでしょう。　B. 自然を保護するでしょう。
C. 市場経済を終わらせるかもしれません。　D. AとCは両方とも正しい。

97. 解答：C

解説 "Can't we plant more trees? And stop killing bees and other useful insects? Alternative energy 'green' projects are good."とハルミが言っていることから，Cが正解。

訳例 マサオとハルミによると，気候変動を逆行させるかもしれないものとは何ですか。
A. 何もしないこと
B. 営利目的の会社を支援すること
C. もっと木を植え，蜜蜂や有益な虫を保護し，そして「グリーン」エネルギープロジェクトを始めること

D. シベリアへ引っ越すこと

98. 解答：B

解説 "Ice is melting at both the North and South Pole. Water levels are rising."とマサオが言っていることから，Bが正解。

訳例 北極や南極で何が起きていますか。
A. 大雪が巨大な凍結層の原因になっている。
B. 溶けている氷が海の水位を上げる原因になっている。
C. 人々は北極と南極に引っ越している。
D. 北極や南極では何の変化もない。

99. 解答：C

解説 "Maybe all market economies will disappear and economies based on conservation will take their place."とマサオが述べていることから，Cが正解。

訳例 マサオとハルミはどんな希望が持てると思っていますか。
A. 気候変動が自然に終わること　　B. 強い市場経済
C. 保護を基本とした経済　　D. 彼らは何の希望も持てない

100. 解答：B

解説 マサオとハルミは気候変動が人々に与える危険性について述べていることから，Bが正解。

訳例 この会話のタイトルにふさわしいものはどれですか。
A. 気候変動は良い　　B. 気候変動は危険だ
C. 気候変動は重要ではない　　D. 気候変動は終わった

訳例 マサオ：きょうは日本中，本当に暑いね。
ハルミ：外はいま，摂氏40度よ。
マサオ：フランスが記録的な熱波なので，僕はフランス旅行をキャンセルしなければならなかったんだ。
ハルミ：それにシベリアではいま火事が起きているわ。気候変動はいつ終わるのかしら。
マサオ：科学者が言うには，地球温暖化は始まったばかりなんだって。
ハルミ：わかっているわ。気候変動を逆行させるのにわずか数年しかないと言う科学者がいるの。

マサオ：そうなんだ，ある時点で気候変動は取りかえしがつかなくなるだろう
　　　　ね。
ハルミ：多くの人々が死に，私たちの生活に支障が出るでしょう。
マサオ：僕たちは一生のうちに市場経済の終わりを見るかもしれないな。
ハルミ：私たちは何とかしなければいけないわ。風力や潮力のような環境にや
　　　　さしいエネルギーを使えないかしら。
マサオ：それだけでは十分じゃないかもしれないね。森林伐採は酸素を減少さ
　　　　せているからね。
ハルミ：もっと木を植えられないのかな。それに蜜蜂や他の有益な昆虫を殺す
　　　　のをやめられないのかなあ。
マサオ：森林伐採をやめるべきだな。
ハルミ：利益を上げるためにやってるのよね。
マサオ：北極や南極両方で氷が溶けていて，水位が上がっているんだ。巨大な
　　　　嵐が僕たちを襲っているし，それにこれがますます激しくなるばかり
　　　　だ。
ハルミ：代替エネルギーの「グリーン」プロジェクトはいいわ。それでも海岸
　　　　線や多くの島を失うことになるでしょう。それに巨大な熱波も起きる
　　　　でしょう。私たちはどうなるのかなあ。
マサオ：わからないな。ひょっとしたら市場経済が全部なくなり，保護を基本
　　　　とする経済に変わるかもしれないね。僕たちの環境はそのうち安定す
　　　　るかもしれないよ。
ハルミ：いつだって希望は持てるわね。

121

I
1. C　2. B　3. A　4. B　5. A　6. D　7. C　8. A　9. D　10. B

II
11. C　12. D　13. C　14. A　15. C　16. D　17. B　18. B　19. A　20. B

III
21. B　22. B　23. D　24. D　25. A　26. C　27. A　28. C　29. D　30. A

IV
31. C　32. B　33. C　34. B　35. A　36. D　37. C　38. D　39. D　40. A

V
41. B　42. D　43. A　44. C　45. B　46. D　47. A　48. C　49. A　50. B

VI
51. B　52. B　53. B　54. D　55. A　56. D　57. A　58. C　59. C　60. D

VII
61. B　62. D　63. D　64. A　65. D　66. B　67. C　68. B　69. A　70. C

VIII
71. D　72. A　73. D　74. B　75. D　76. C　77. B　78. B　79. C　80. A

IX
81. C　82. B　83. D　84. A　85. B　86. C　87. A　88. D　89. A　90. D

X
91. D　92. A　93. A　94. A　95. B　96. D　97. C　98. B　99. C　100. B

2020年
第2回試験
問題

C級試験問題用紙

C級

外務省後援
２０２０年度第２回国際連合公用語
英語検定試験 (100分)

受験上の注意

1. 問題用紙は試験開始の合図があるまで開いてはいけません。その間に、この**受験上の注意**を熟読しておいてください。
2. **受験番号と氏名を解答用紙（マークシート）に記入してください。**
3. 解答用紙の配布は１人１部のみです。複数の配布は致しません。
4. 試験開始前は、答案への解答記入は禁止です。
5. マークシートの記入は、必ずＨＢ以上の濃い鉛筆を使って該当箇所を黒く塗りつぶしてください。書き間違いの場合は「アト」が残らないように消してください。マークシートは絶対に折ったり曲げたりしないでください。
6. 受験級、受験地区、会場番号、受験番号のマークシートへの記入は監督者の指示に従い、間違いなく記入してください。（**裏表紙の「マークシート記入例」参照**）
7. 試験問題についての質問は、印刷が不鮮明な場合を除き、一切受けつけません。
8. 中途退室の際は、マークシートを監督者に渡し、他の受験者の迷惑にならないように静かに退室してください。中途退室後の再入室はできません。
9. 試験中は他の受験者の妨げとなる行動は慎んでください。また携帯電話等の電源はお切りください。
10. マークシートは監督者に提出し、問題用紙はご自由にお持ち帰りください。

＊試験問題の複製や転載、インターネットへのアップロード等、いかなる媒体への転用を禁止します。

リスニングテストについて

1. リスニングテストは試験開始後、合図があってから実施されます。（40問あります）
2. リスニングテストが始まる前にリスニング問題の指示と内容を読んで、どういう形式のテストなのか、概要をつかんでおいてください。
3. テスト中の発言は、放送機器の具合が悪く放送された英語の聴き取りができない場合を除いて、しないようにしてください。

試験結果について

1. 試験の結果は2020年11月25日㈬頃に通知します。
2. その間に住所変更をされた方は、郵便局へ住所変更の届け出を忘れずに行ってください。
3. 発表前の試験結果のお問合せには応じられません。

公益財団法人 日本国際連合協会
http://www.unaj.or.jp/

I. これから短い英文を10言います。英文は2回言います。よく聞いて、会話が成り立つように最も適切なものをA、B、C、Dの中から1つ選びなさい。途中でメモを取ってもかまいません。

1. A. I was at the conference. B. He didn't remember.
   C. I hope you'll receive it. D. This morning.

2. A. You're welcome. B. Thanks, I will.
   C. Don't give up. D. I'm at a loss.

3. A. He had an urgent assignment.
   B. He made a speech at the meeting.
   C. He was late.
   D. Many people attended the meeting.

4. A. He has poor eyesight. B. You're tall.
   C. He has changed a lot. D. You'll see him.

5. A. You may want to send her a message.
   B. You're busy.
   C. I'll send you a message.
   D. You had better call me.

6. A. Nearly ten o'clock. B. I haven't decided yet.
   C. At the newsstand. D. At the florist.

7. A. Last week. B. Last two weeks.
   C. Two weeks before. D. Two weeks from today.

8. A. I have a kind teacher. B. You have a good job.
   C. Something that's service-oriented. D. I need a drink.

9. A. What does she cook?
   B. What kind of artwork does she do?
   C. What does she write?
   D. What instrument does she play?

10. A. I must bake some muffins.
    B. You need to take a shower.
    C. I have prepared for the examination.
    D. I'm sure it'll be fine tomorrow.

これから短い会話を10言います。会話は2回繰り返します。そのあと、会話の
内容について10の質問をします。質問も2回繰り返します。よく聞いて、それ
ぞれの質問の答えとして最も適切なものをA、B、C、Dの中から1つ選びなさ
い。途中でメモを取ってもかまいません。

11. A. She's busy.   B. Her neck hurts.
    C. She's fine.   D. She's lucky.

12. A. He goes swimming every day.
    B. He has plenty of time.
    C. He has scarcely any time to swim.
    D. He doesn't know how to swim.

13. A. She doesn't mind him sitting next to her.
    B. She does mind if he sits next to her.
    C. She is not sure if he will sit next to her.
    D. He does not want to sit next to her.

14. A. She's very tired.   B. She must read more books.
    C. She's tired of reading.   D. She's very knowledgeable.

15. A. She is considering quitting her job.
    B. She won't quit her job.
    C. She's not quite sure about quitting her job.
    D. She doesn't want to work.

16. A. Mary's getting old.
    B. He saw Mary yesterday.
    C. He doesn't know Mary.
    D. He hasn't seen Mary for a long time.

17. A. He's somebody special.   B. He's very gentle.
    C. He's strange.   D. He's the only one left.

18. A. He gives her his friend's name.
    B. He can almost remember his friend's name.
    C. He doesn't know his friend's name.
    D. He remembers his friend's name.

19. A. The older sister is searching for her mother.

    B. The older sister is not taking care of her mother.

    C. Her mother does not need to be taken care of.

    D. The older sister is taking care of her mother.

20. A. Keep at it.   B. Give up.

    C. Take a break.   D. Get help.

Ⅲ. これから英文を2回繰り返します。そのあと、内容について10の質問をします。質問も2回繰り返します。よく聞いて、それぞれの質問の答えとして最も適切なものをA、B、C、Dの中から1つ選びなさい。途中でメモを取ってもかまいません。

21. A. Japanese.   B. American.

    C. British.   D. Canadian.

22. A. San Jose.   B. San Diego.

    C. San Francisco.   D. Santa Barbara.

23. A. She is a graduate student.   B. She is a high school counselor.

    C. She is a teacher.   D. She is a principal.

24. A. Satomi and an older man.   B. Only Satomi.

    C. Satomi's sister.   D. Only the older man.

25. A. She did not understand it.   B. She was extremely impressed.

    C. She did not like it.   D. She thought it was very funny.

26. A. He always wanted a university education.

    B. He was very unhappy.

    C. His daughter was also graduating from a university that day.

    D. A and C are both correct.

27. A. They clapped enthusiastically.

    B. A few people clapped.

    C. Only Satomi clapped.

    D. The man's daughter clapped.

28. A. She loved the ceremony because she liked all ceremonies.
    B. She loved this ceremony because it was special.
    C. She was so bored that she fell asleep at the ceremony.
    D. She did not go to the ceremony.

29. A. Go into business.
    B. Study more in Japan.
    C. Get a job helping young people with their educations.
    D. Get married.

30. A. A Memorable Ceremony
    B. Graduation Ceremonies are Fun!
    C. Only Older Men are the Best Students
    D. University Education is for Young People Only

Ⅳ. これから会話を2回繰り返します。そのあと、内容について10の質問をします。質問も2回繰り返します。よく聞いて、それぞれの質問の答えとして最も適切なものをA、B、C、Dの中から1つ選びなさい。途中でメモを取ってもかまいません。

31. A. Canada and Spain.   B. Italy and Switzerland.
    C. France and Denmark.   D. Germany and Sweden.

32. A. He's afraid.   B. He's not interested.
    C. He's busy.   D. He's sick.

33. A. To work.   B. To shop.
    C. To do business.   D. To learn about culture.

34. A. She doesn't care for conversation.
    B. She can communicate in English.
    C. She speaks fluent French.
    D. She avoids people.

35. A. In Britain.   B. In Italy.
    C. In Canada.   D. In New York.

36. A. City Hall.   B. Fourteenth Street.
    C. Royal Albert Hall.   D. Thirty-fourth Street.

128

37. A.   Whether the bus would stop at 14th Street.

  B.   Whether they would speak her language.

  C.   How much the bus fare was.

  D.   Where they would get off.

38. A.   They were born in New York.

  B.   Their mother tongues were not English.

  C.   They were from the same country as the old lady.

  D.   They were not kind.

39. A.   The passengers would get off the bus with her.

  B.   The passengers spoke her language.

  C.   The passengers didn't ask her personal questions.

  D.   The passengers would tell her where to get off.

40. A.   New York. B.   Britain.

  C.   France. D.   Germany.

V. 次の英文の下線部の意味を最もよく表す語または語句をA、B、C、Dの中から
1つ選びなさい。

41. These are my plans. Do you <u>get the picture</u>?

  A.   buy pictures B.   paint

  C.   understand D.   take photographs

42. You must not <u>spill the beans</u>.

  A.   tell the secret B.   waste food

  C.   sell crops D.   eat starch

43. He would not change his bad habits <u>for the world</u>.

  A.   for a while B.   no matter what

  C.   quickly D.   ironically

44. The great depression followed <u>on the heels of</u> the disease.

  A.   two years after B.   a long time after

  C.   one month after D.   right after

45. We need to <u>take stock of</u> the situation.

  A.   smell B.   skip

  C.   defend D.   check

46. She won't **play ball** with us.
- A. go fishing
- B. resist
- C. cooperate
- D. question

47. This is a book you can **sink your teeth into.**
- A. eat
- B. enjoy reading
- C. tear up
- D. not bother with

48. Please **go easy on** the newcomer.
- A. overwork
- B. be kind to
- C. fire
- D. ignore

49. Could you **put me through to** your president?
- A. connect
- B. carry me to
- C. summon
- D. wake up

50. She **has him in her pocket.**
- A. carries things for him
- B. stays with him
- C. controls him
- D. supports him

Ⅵ. 次の英文を読み、設問の答えとして最も適切なものをA、B、C、Dの中から1つ選びなさい。

The *Secretariat, an international staff working at United Nations Headquarters in New York and in the field, carries out the *day-to-day work of the Organization. It services the other organs of the United Nations and *administers the programs and policies **(57)** laid down by them. It is made up of the Secretary-General, who is the chief administrative officer of the United Nations, and such staff as the Organization may require.

The General Assembly, on the recommendation of the Security Council, appoints the Secretary-General for a term of five years. In addition to her or his administrative duties, the Secretary-General is **(58)** called on by the Charter of the United Nations to perform such "other functions" as are *entrusted to her or him by the Security Council, the Assembly and the other main organs. She or he is also *empowered by the Charter of the United Nations to bring to the attention of the Security Council "any matter which in [her or] his opinion may threaten the maintenance of international peace and security."

...

The Secretariat, an international staff of approximately 40,000 men and women, carries out the day-to-day work of the United Nations both at Headquarters in New

York and in offices and centers around the world. As international civil servants, they work for the Organization as a whole; each takes an *oath not to seek or receive instructions from any government or outside authority. Under Article 100 of the Charter of the United Nations, each Member State **(59)** <u>undertakes</u> to respect the exclusively international character of the responsibilities of the Secretary-General and the Staff and not to seek to influence them in the discharge of their duties.

The Secretary-General often takes independent initiative in consideration of the requirements to be fulfilled by the United Nations on a global basis. Mr. Ban Ki-moon, for example, gave priority to the problem of global warming and sustainable development. The Secretary-General can take the lead in initiating plans to establish comprehensive systems to help the United Nations address a broad range of global problems more efficiently. The Global Compact, which was established in 2000 under Mr. Annan, provides a *normative framework for private businesses on the ten principles it defines in the areas of human rights, labor, anti-corruption, and the environment. Since its **(60)** <u>launch</u> the global network has attracted many businesses and civil society organizations.

注) *secretariat 事務局　　*day-to-day 毎日の、日常の
　　*administer 施行する　　*entrust 任せる、委託する
　　*empower 権限を与える　　*oath 誓い　　*normative 標準的な、規範的な

51. **What does the Secretariat at United Nations Headquarters engage in?**
　A.　It takes care of employment problems.
　B.　It focuses on business matters.
　C.　It executes the everyday work of the United Nations.
　D.　It assists general managers in global corporations.

52. **Who are the members of the Secretariat at United Nations Headquarters?**
　A.　The Secretary-General only.
　B.　International staff only.
　C.　The Secretary-General and Member States.
　D.　The Secretary-General and the staff.

53. **Which United Nations' body recommends the appointment of the Secretary-General?**
　A.　The Security Council.　　　　B.　The General Assembly.
　C.　The Global Compact.　　　　D.　The International Organs.

54. **How many years does the Secretary-General serve?**
　A.　Three years.　　　　B.　Four years.
　C.　Five years.　　　　　D.　Six years.

131

55. **What is NOT correct according to the text?**

A. The Secretary-General can ask the Security Council to look into a matter that may threaten the maintenance of international peace and security.

B. The Secretariat has about 40,000 staff members at Headquarters in New York.

C. The staff members at Headquarters in New York are not civil servants.

D. The staff members at Headquarters in New York cannot ask for instructions from outside authority.

56. **What is NOT true according to the text?**

A. Mr. Ban Ki-moon tackled the problem of global warming and sustainable development.

B. The Secretary-General is not allowed to take the initiative to consider global problems.

C. Mr. Annan established the Global Compact in 2000.

D. The Global Compact has a framework for private businesses based on the ten principles.

57. **What does the underlined part (57) laid down mean?**

A. established   B. abandoned

C. rejected   D. agreed

58. **What does the underlined part (58) called on mean?**

A. exposed   B. prevented

C. requested   D. required

59. **What does the underlined part (59) undertakes mean?**

A. receives   B. implements

C. serves   D. considers

60. **What does the underlined part (60) launch mean?**

A. recommendation   B. restriction

C. management   D. start

Ⅶ. 次の各組の文の空所には同じ語が入ります。最も適切なものをA、B、C、Dの中から1つ選びなさい。

61. **The wind _____ hard today. I really _____ my English test.**

    A. flew   B. screw   C. blew   D. few

62. She is _____ of the crime. She looks so _____ for her age.
    A. innocent   B. young   C. formal   D. tall

63. He _____ into action. The boat _____ a leak.
    A. fell   B. sprang   C. came   D. stepped

64. She _____ come with us. My grandfather left a _____.
    A. must   B. did   C. cold   D. will

65. I must _____ into my locked car. What will you do over spring _____?
    A. break   B. look   C. vacation   D. smash

66. This judgment isn't _____. Let's go to the _____.
    A. good   B. fair   C. strong   D. show

67. Yesterday I _____ a rainbow. I have to _____ some wood.
    A. cut   B. noticed   C. chop   D. saw

68. Kobe is a nice _____. Please _____ the flowers on the table.
    A. put   B. town   C. place   D. hold

69. Let sleeping dogs _____. He told a _____.
    A. lie   B. growl   C. laugh   D. story

70. She has a nice _____. Now I must _____ the consequences.
    A. mouth   B. face   C. personality   D. cat

Ⅷ. 次のA、B、C、Dからなる各組の英文には下線部に誤りを含むものが1つあります。その文を選びなさい。

71. A. She always <u>keeps on appearances</u>.
    B. The company president <u>made an appearance</u> at the meeting.
    C. She is a person of character <u>to all appearances</u>.
    D. The hotel <u>has a luxurious appearance</u>.

72. A. People don't trust <u>apple polishers</u>.
    B. It is difficult to deal with <u>a rotten apple</u>.
    C. The girl is <u>an apple of her mother's eye</u>.
    D. There is <u>sliced apple</u> in the cake.

133

73. A. The students are learning through <u>cutting-edge technology</u>.
    B. He <u>is on edge</u>.
    C. The medicine <u>took the edge off his pain</u>.
    D. I watched the tennis match <u>on the edge of seat</u>.

74. A. It is tough to <u>swim against the current</u>.
    B. The one-dollar gold coin is no longer <u>current use</u>.
    C. This is my <u>current</u> address.
    D. An electric <u>current</u> flows through the electric wire.

75. A. Will you <u>do the dishes</u>?
    B. I will <u>make do with</u> the leftovers.
    C. Please read the <u>dos and don'ts</u> of table manners for the banquet.
    D. I want to <u>do away of</u> the meaningless regulations.

76. A. I <u>am all thumb</u>.
    B. She <u>thumbed through</u> the magazine.
    C. He <u>bites his thumb at</u> his employer.
    D. <u>Thumbs down</u>!

77. A. She <u>kept her nose out of</u> the problem.
    B. The key your looking for is <u>right under your nose</u>.
    C. He <u>has his nose to</u> the newspaper.
    D. He always walks around <u>with his nose in the air</u>.

78. A. It is cowardly to <u>pick on</u> someone.
    B. Please <u>take your pick</u> from the chocolates.
    C. He will <u>pick me up</u> at my house.
    D. The medicine <u>picked me on</u>.

79. A. I don't like <u>raw fish</u>.
    B. He got <u>raw deal</u>.
    C. <u>Raw silk</u> is a product of this area.
    D. Coal is a <u>raw material</u>.

80. A. All that was left was <u>dusts and ashes</u>.
    B. Please <u>dust</u> the table.
    C. That movie was <u>dry as dust</u>.
    D. You must <u>let the dust settle</u>.

IX. 次の英文を読み、設問の答として最も適切なものをA、B、C、Dの中から1つ選びなさい。

As Japan opens its doors to more foreign workers, the problem of racial and ethnic harassment in the workplace is under renewed *scrutiny.

While racial and ethnic harassment is illegal in many countries around the world, awareness of the problem is still lacking in Japan.

Although no regulations and punishments exist to stop bias at companies and in society, more foreign residents are speaking up about the discrimination they face and are calling for change.

This includes discrimination against long-time resident ethnic Koreans and Chinese.

Minority and progressive groups in Japan welcomed *U.N. Special Rapporteur Doudou Diene's 2006 report that criticized the country's "deep discrimination."

Julian Keane, a researcher at Osaka City University, born to an American father and a Japanese mother, recalls bitter incidents from his childhood. His schoolmates would often make cruel remarks about his *bi-racialism.

Keane has called for legal *countermeasures and penalties against violators *incorporated into companies' employment regulations.

In a 2016 government survey, 30 percent of foreign residents surveyed said they had "frequently" or "occasionally" been the target of discriminatory speech — 53 percent of whom say such prejudice came from "strangers" and 38 percent said they were subjected to discrimination by superiors, colleagues or *subordinates in the workplace, or by their clients.

Taminzoku Kyosei Jinken Kyoiku Center is an Osaka-based nonprofit organization that aims to *foster a multiethnic coexistence through education. The Center has produced a booklet and video to deepen understanding. It has also conducted fact-finding surveys regarding racial harassment.

The Center is urging the Health, Labor and Welfare Ministry to add racial harassment to policy guidelines under the law for women's *empowerment and harassment regulations in June 2020. Companies, experts argue, also need to address the root causes of such biases.

Moon Gong-hwi, the secretary-general of the Center, admits he is fighting a difficult battle.

He said: "There are cases in which employees were forced to *relocate or even quit their jobs after *lodging complaints about racial harassment to their companies. I hope people who witness discrimination on the job come forward to voice opposition to this."

There were 2.73 million foreign residents living in Japan as of the end of 2018, according to the Justice Ministry.

135

注）*scrutiny 綿密な調査

*U.N. Special Rapporteur Doudou Diene's 2006 report 国連特別報告者ドゥドゥ
ディエンの2006年の報告書、rapporteur 報告者

*bi-racialism 2つの民族性　　*countermeasure 封止策

*incorporate 合体させる、組み入れる　　*subordinate 部下

*foster 促進する　　*empowerment 権限を与えること

*relocate 転勤する　　*lodge（抗議・苦情など）を提出する

81. **What is "racial and ethnic harassment"?**

　A.　Making friends.

　B.　Becoming Japanese.

　C.　Bullying people based on their race and ethnicity.

　D.　Hurting only Japanese people.

82. **Are there regulations and punishments against racial and ethnic discrimination in Japan?**

　A.　Yes: they are Japan-wide and very strict and effective.

　B.　They are somewhat effective because they vary from city to city.

　C.　The regulations and punishments are law but not effective.

　D.　Japan has no regulations and punishments against racial and ethnic discrimination.

83. **What two major ethnic groups suffer the most discrimination in Japan?**

　A.　Chinese and Koreans.

　B.　Americans and Canadians.

　C.　Spaniards and Italians.

　D.　Lebanese and Brazilians.

84. **What did the U.N. Special Rapporteur Doudou Diene's report mean when it stated that Japan has "deep discrimination"?**

　A.　Japan has only small problems with discrimination.

　B.　Discriminatory people in Japan are deep thinkers.

　C.　Discrimination in Japan is extremely serious.

　D.　The Japanese are being discriminated against.

85. **Why were Julian Keane's schoolmates mean to him?**

　A.　He was a bully.

　B.　His father was for countermeasures and penalties against discrimination.

　C.　He discriminated against them.

　D.　He was bi-racial.

86. **What did the 2016 government survey reveal?**
    A. Thirty percent of foreign residents said they had experienced occasional or frequent discriminatory speech against them.
    B. They said 53% of the discrimination came from strangers.
    C. They said 38% came from superiors, colleagues or subordinates, or by clients.
    D. All of the above are true.

87. **Who is the secretary general of the Taminzoku Kyosei Jinken Kyoiku Center?**
    A. Moon Gong-hwi.
    B. The Minister of the Labor and Welfare Ministry.
    C. Julian Keane.
    D. Doudou Diene.

88. **What has racial harassment in companies made some workers do after complaining to their companies according to the text?**
    A. Relocate or quit their jobs.
    B. Go on strike.
    C. Complain to their own countries.
    D. Thank their bosses for helping.

89. **How many foreign residents were living in Japan at the end of 2018?**
    A. Two hundred and seventy-three million.
    B. 27,300,000.
    C. Twenty-seven point seventy-three million.
    D. 2,730,000.

90. **What is the best title for this essay?**
    A. There is No Discrimination in Japan!
    B. There is Only a Little Discrimination in Japan
    C. There is a Lot of Discrimination in Japan
    D. Discrimination and the World

X. 次の会話を読み、設問の答として最も適切なものをA、B、C、Dの中から1つ選びなさい。

Mariko　: Did you know Swedish environmental activist Greta Thunberg met Nobel Peace Prize winner Malala Yousafzai in Great Britain at Oxford University?

Shigemi : Oh yes! I've followed both of their careers. I admire them both.

Mariko　: Greta has been brilliant in bringing home the perils of global warming. "I want you to panic," she said at a conference.

Shigemi : She was in Britain to lead a school strike for the environment.

Mariko　: And Malala was very brave to fight for the right of Pakistani women to get educated.

Shigemi : The Taliban shot her in the head. She was lucky she didn't die.

Mariko　: Instead she got the Nobel Prize. Though it's a small compensation for her pain.

Shigemi : I wish Greta and Malala could come to my university.

Mariko　: And my university too. Many of my students don't care about education.

Shigemi : Same with my university students. When I think of women risking their lives for an education, I get angry.

Mariko　: And many of my students don't care about climate change. They think it won't affect them.

Shigemi : When our students grow up I hope they will know better. I am more worried about older adults. Many of them reject what Malala and Greta are saying.

Mariko　: Or they only pretend to agree. They say the Taliban were terrible to shoot Malala but in their own ways they try to keep women down.

Shigemi : I try hard to encourage my female students to follow their ambitions.

Mariko　: I tell my students to look beyond what governments and corporations are saying.

Shigemi : We need to do that before climate change brings down civilization.

Mariko　: And maybe all life.

Shigemi : I hope Malala and Greta will continue to inspire people.

Mariko　: That's our job too, though we are not famous.

91.　What is Malala famous for?

  A.　Human rights.   B.　Protecting the environment.

  C.　University teaching.   D.　Acting.

92.　What is Greta famous for?

  A.　Environmental protection. B.　Acting.

  C.　Human rights.   D.　University teaching.

138

93. **What are Shigemi's and Mariko's jobs?**
    A. Human rights activism.   B. Engineering.
    C. Students.   D. Teaching.

94. **Who shot Malala in the head?**
    A. Oxford students.   B. Greta Thunberg.
    C. The Taliban.   D. Environmentalists.

95. **Who got the Novel Prize?**
    A. Malala.   B. Greta
    C. Malala and Greta.   D. Shigemi and Mariko.

96. **Why did Greta say, "I want you to panic" at a conference?**
    A. She did not know what to say.
    B. Global warming (climate change) is a real and immediate danger.
    C. The economy was going into recession.
    D. There was a fire at the conference.

97. **What was Malala's major concern in Pakistan?**
    A. Ending wars.   B. Racial discrimination.
    C. Women's education.   D. Climate change.

98. **When Mariko said, "Though it's a small compensation for her pain" what does "it" refer to?**
    A. Being shot.
    B. Getting money.
    C. Studying at Oxford University.
    D. Receiving the Nobel Prize.

99. **Why are Shigemi and Mariko displeased with their university students?**
    A. They are lazy.
    B. They don't care about their education.
    C. They don't care about climate change.
    D. All of the above.

100. **What do Shigemi and Mariko hope for their studens?**
    A. For women to succeed in spite of sexism.
    B. To look beyond what corporations and governments are saying.
    C. To bring down civilization.
    D. A and B are both correct.

━━ マークシート記入例 ━━

東京の本会場でC級を受験する、国連 太郎さん、受験番号が「東京01-40001」、生年月日が「1980年10月24日」の場合の記入例です。

【受験番号/氏名】
それぞれ受験票の記載通りに記入してください。

受験番号	東京01-40001
氏 名	国連 太郎

【受験地区】
受験記号・番号の、都道府県部分を塗りつぶしてください。

【会場番号】
都道府県部分に続く2桁の数字を塗りつぶしてください。

【受験番号】
ハイフン（−）以降の5桁の数字を塗りつぶしてください。

【受験級】
「C」と記入し、下段のC級部分を塗りつぶしてください。

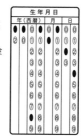

【生年月日】
4桁の西暦・月・日を塗りつぶしてください。
10未満の月・日の十の位は、「0」を塗りつぶしてください。

※HB以上の鉛筆を用いてマークをしてください。

※他の地区から会場を変更して受験する場合でも、受験票に記載されている受験地区・会場番号をマークしてください。

2020年
第2回試験
解答・解説

2020年　国連英検 C 級第 2 回試験
解答・解説

| I | 短い英文を 2 度聴いたあと,
その英文に対して適切な応答を選ぶリスニングテスト。10 問出題。|

1.　解答：D

解説 小包を送ったのはいつなのかを尋ねられているので，選択肢の中で最も
ふさわしい応答は，D が正解。

ナレーション When did you mail the package?

「いつ小包を送りましたか」

A. 私は会議に出席していました。　B. 彼は覚えていませんでした。
C. 私はあなたがそれを受け取ることを願います。　D. 今朝です。

2.　解答：B

解説 話者は，相手にパーティーを楽しむよう気遣っているので，選択肢の中
で最もふさわしい応答は，B が正解。

ナレーション I hope you'll have a good time at the party.

「パーティーで楽しいひとときを過ごしてください」

A. どういたしまして。　B. ありがとう。そうします。
C. あきらめてはいけません。　D. 私は途方に暮れています。

3.　解答：A

解説 話者は彼が会議に出席しなかった理由を尋ねているので，選択肢の中で
最もふさわしい応答は，A が正解。

ナレーション Why didn't he attend the meeting?

「彼はなぜ会議に出席しなかったのですか」

A. 彼は緊急の任務がありました。　B. 彼は会議でスピーチをしました。
C. 彼は遅れました。　D. 多くの人が会議に参加しました。

4.　解答：C

解説　話者は彼を認識できないことを相手に伝えているので，選択肢の中で最もふさわしい応答は，C が正解。

ナレーション　I can hardly recognize him.

　　　　「私は彼が誰だかほとんどわかりません」

　　A. 彼は視力が弱いです。　　B. あなたは背が高いです。

　　C. 彼はずいぶん変わりました。　　D. あなたは彼に会うでしょう。

5.　解答：A

解説　話者は彼女に会えるのがいつなのか見当がつかないことを相手に伝えているので，選択肢の中で最もふさわしい応答は，A が正解。

ナレーション　I have no idea when I can see her.

　　　　「私はいつ彼女に会えるのか全くわかりません」

　　A. 彼女にメッセージを送ったらどうでしょう。

　　B. あなたは忙しいです。

　　C. 私はあなたにメッセージを送りましょう。

　　D. あなたが私に電話すべきです。

6.　解答：B

解説　話者はコンピューターの購入店を相手に尋ねているので，選択肢の中で最もふさわしい応答は，B が正解。

ナレーション　Where will you buy your new computer?

　　　　「あなたはどこで新しいコンピューターを買うつもりですか」

　　A. もう 10 時になります。　　B. 私はまだ決めていません。

　　C. 新聞売り場で。　　D. 花屋で。

7.　解答：D

解説　話者は医者の予約は今度いつなのか相手に尋ねているので，選択肢の中で最もふさわしい応答は，D が正解。

ナレーション　When is your next appointment with the doctor?

　　　　「次回の医者との予約はいつですか」

　　A. 先週です。　　B. 過去 2 週間です。

　　C. 2 週間前です。　　D. 2 週間先です。

8. 解答：C

解説　話者は職種の志向を相手に尋ねているので，選択肢の中で最もふさわしい応答は，C が正解。

ナレーション　What kind of job would you like to have?
　　　　「あなたはどんな仕事に就きたいですか」
　　　　A. 私の先生は親切です。　　B. あなたは良い仕事に就いています。
　　　　C. サービス関係の仕事に就きたいです。　　D. 私は飲み物が欲しいです。

9. 解答：B

解説　話者は彼女が展覧会に招待してくれたことを相手に伝えているので，選択肢の中で最もふさわしい応答は，B が正解。

ナレーション　She invited me to her exhibition at the art gallery.
　　　　「彼女は画廊の展覧会に私を招待しました」
　　　　A. 彼女は何を調理しますか。　　B. 彼女はどんな芸術作品を創りますか。
　　　　C. 彼女は何を書きますか。　　D. 彼女はどんな楽器を演奏しますか。

10. 解答：A

解説　話者は他にすることがあるのか相手に尋ねているので，選択肢の中で最もふさわしい応答は，A が正解。

ナレーション　What else do you need to do?
　　　　「あなたは他に何をする必要がありますか」
　　　　A. 私はマフィンを焼かなければなりません。
　　　　B. あなたはシャワーを浴びなければなりません。
　　　　C. 私は試験の準備ができました。
　　　　D. 明日はきっと晴れるでしょう。

II 短い会話を 2 度聴いたあと，
その内容に関する質問を聴いて答えるリスニングテスト。10 問出題。

11. 解答：A

解説　女性は仕事をいっぱい抱えていると言っている。be up to one's neck は「(仕事など) が山ほどある」の意味 A が正解。
　　　　A. 彼女は忙しい。　　B. 彼女の首が痛む。
　　　　C. 彼女は元気だ。　　D. 彼女は運が良い。

ナレーション

Man:　　How are you?

Woman: I'm up to my neck in work.

Question　What does the woman mean?

（男）：お元気ですか。

（女）：仕事に追われているわ。

質問　女性は何と言っていますか。

12.　解答：C

解説　男性は泳ぐ時間がほとんどないと言っている。hardly, scarcely は「ほとんど〜がない」の意味。C が正解。

A. 彼は毎日泳ぎに行きます。　　B. 彼はたくさん時間があります。

C. 彼は泳ぐ時間がほとんどありません。　　D. 彼は泳ぎ方を知りません。

ナレーション

Woman: How often do you swim?

Man:　　I've hardly had the time.

Question　What does the man mean?

（女）：どのくらいの頻度で泳ぎますか。

（男）：ほとんど時間がありません。

質問　男性は何と言っていますか。

13.　解答：A

解説　女性は男性が隣に座ってもかまわないと言っている。Would you mind ...? に対して Not at all. と答えると「かまわない，どうぞ」の意味になる。A が正解。

A. 彼女は彼が彼女の隣に座ってもかまいません。

B. 彼女は彼が彼女の隣に座るのは嫌です。

C. 彼女は彼が彼女の隣に座るかどうか確信がありません。

D. 彼は彼女の隣に座りたくありません。

ナレーション

Man:　　Would you mind if I sat next to you?

Woman: Not at all.

Question　What does the woman mean?

（男）：あなたの隣に座ってもかまいませんか。

（女）：どうぞ。

質問　女性は何と言っていますか。

14.　解答：D

解説　男性は女性が本をよく読むので博識に違いないと言っている。well-read
は「（よく本を読むので）博識の」の意味。D が正解。

A. 彼女はとても疲れています。

B. 彼女はもっと本を読まなければなりません。

C. 彼女は読書に飽きています。

D. 彼女はとても博識です。

ナレーション

Woman: I love to read.

Man:　You must be very well-read.

Question　What does the man mean?

（女）：私は読書が大好きです。

（男）：きっと博識でいらっしゃるのでしょうね。

質問　男性は何と言っていますか。

15.　解答：B

解説　女性は仕事を辞めるつもりは全くないと言っている。out of the question
は「問題にならない，全く不可能で」の意味。B が正解。

A. 彼女は仕事を辞めようと思っています。

B. 彼女は仕事を辞めません。

C. 彼女は仕事を辞めることについてはっきりしていません。

D. 彼女は働きたくありません。

ナレーション

Man:　Do you want to quit your job?

Woman: That's out of the question.

Question　What does the woman mean?

（男）：あなたは仕事を辞めたいのですか。

（女）：とんでもないわ。

質問　女性は何と言っていますか。

16. 解答：D

解説 男性はメアリーに長い間会っていないと言っている。for ages は、「長い間」の意味。D が正解。

A. メアリーは年をとってきています。

B. 彼は昨日彼女に会いました。

C. 彼はメアリーを知りません。

D. 彼はメアリーに長い間会っていません。

ナレーション

Woman: Do you know how Mary is getting along these days?

Man:　　I haven't seen her for ages.

Question　What does the man mean?

（女）：このごろメアリーはどうしているか知っていますか。

（男）：彼女に長い間会っていません。

質問　男性は何と言っていますか。

17. 解答：A

解説 女性は彼を特別な科学者だと言っている。one of a kind は「唯一の（比類のない）もの」の意味。A が正解。

A. 彼はひとかどの人物です。　　B. 彼はとても優しいです。

C. 彼は変わっています。　　D. 彼だけが残っています。

ナレーション

Man:　　I admire that scientist.

Woman: He's one of a kind.

Question　What does the woman mean?

（男）：僕はあの科学者を尊敬しています。

（女）：彼は比類のない科学者だわ。

質問　女性は何と言っていますか。

18. 解答：B

解説 男性は名前がもう少しで思い出せると言っている。at the tip of one's tongue は「のどまで出かかって」の意味。B が正解。

A. 彼は友人の名前を彼女に教えます。

B. 彼はもう少しで友人の名前を思い出すことができます。

C. 彼は友人の名前を知りません。

D. 彼は友人の名前を覚えています。

Woman: Please tell me your old friend's name.

Man:　　It's on the tip of my tongue.

Question　What does the man mean?

（女）：あなたの旧友の名前を教えてください。

（男）：喉元まで出かかっているのだけど。

質問　男性は何と言っていますか。

19.　解答：D

解説　女性は姉が母親の世話をしていると言っている。look after, take care of は「の世話をする」の意味。D が正解。

A. 姉は彼女の母を探しています。

B. 姉は彼女の母の世話をしていません。

C. 彼女の母は世話をしてもらう必要はありません。

D. 姉は彼女の母の世話をしています。

Man:　　Does your mother live alone?

Woman: My older sister is looking after her.

Question　What does the woman mean?

（男）：あなたのお母さんは一人暮らしですか。

（女）：私の姉が母の世話をしています。

質問　女性は何と言っていますか。

20.　解答：A

解説　男性は頑張ってと言っている。Hang in there! は「あきらめず頑張りなさい」の意味。A が正解。

A. 頑張りなさい。　　B. あきらめなさい。

C. 休憩しなさい。　　D. 助けてもらいなさい。

Woman: I cannot write anymore.

Man:　　Hang in there!

Question　What does the man mean?

（女）：これ以上書けないわ。

（男）：頑張って。

質問　男性は何と言っていますか。

Ⅲ まとまりのある内容の英文（300 語前後）を 2 度聴いたあと，その内容に関する英語の質問を聴いて答えるリスニングテスト。10 問出題。

21.　解答：B

解説　"Satomi graduated from an American university" から，正解は B。

    A. 日本の大学　　B. アメリカの大学

    C. 英国の大学　　D. カナダの大学

22.　解答：C

解説　"Satomi ... and works in San Francisco" から，正解は C。

    A. サンノゼ　　B. サンディエゴ

    C. サンフランシスコ　　D. サンタバーバラ

23.　解答：B

解説　"Satomi ... and works in San Francisco as a high school counselor." から，正解は B。

    A. 彼女は大学院生である。　　B. 彼女は高校のカウンセラーである。

    C. 彼女は教師である。　　D. 彼女は校長先生である。

24.　解答：A

解説　"Satomi was one and the other was a man in his forties." から，正解は A。

    A. サトミと年上の男性　　B. サトミだけ

    C. サトミの妹　　D. 年上の男性だけ

25.　解答：B

解説　"After her speech the other student made a speech that she would not forget for the rest of her life." から，正解は B。

    A. 彼女は理解できなかった。

B. 彼女は非常に感銘を受けた。

C. 彼女はスピーチが気に入らなかった。

D. 彼女はスピーチがとても面白いと思った。

26.　解答：D

解説 "I always wanted to get an education and graduate from a university. My dream came true today, but that's not all. My daughter is attending her graduation ceremony at her university today."から，正解は D。

A. 彼はいつも大学の教育を受けたいと思っていた。

B. 彼はとても辛かった。

C. 彼の娘もその日に大学を卒業した。

D. A と C は両方とも正しい。

27.　解答：A

解説 "Everybody attending the ceremony applauded enthusiastically."から，正解は A。

A. 彼らは熱心に拍手した。　　B. 少数の人が拍手した。

C. サトミだけが拍手した。　　D. その男性の娘が拍手した。

28.　解答：B

解説 "This ceremony was the first one that moved her and she was happy to attend."から正解は B。

A. 彼女は全ての式典が好きなので，その卒業式が気に入った。

B. 彼女はその卒業式が特別だったので，その式典が気に入った。

C. 彼女はとても退屈したので，その式典で眠ってしまった。

D. 彼女はその式典に行かなかった。

29.　解答：C

解説 "She decided to take a job that would help young people to get a good education and develop their capabilities."から正解は C。

A. ビジネスをする。　　B. 日本でもっと勉強する。

C. 若い人の教育を支援する仕事に就く。　　D. 結婚する。

30. 解答：A

解説 式典が嫌なサトミが感動した唯一の卒業式について述べられているから，正解は A。

A. 心に残る式典

B. 卒業式は楽しい！

C. 年上の男性だけが優秀な学生

D. 大学教育は若い人だけのためにある

ナレーション

Satomi graduated from an American university and works in San Francisco as a high school counselor. Part of her job is advising students who wish to go on to university study.

When she was a student, Satomi hated to attend ceremonies, such as entrance and graduation ceremonies. However, there was one ceremony she became impressed with and felt worthy of attending. It was the graduation ceremony at an American university.

Two students who did well in their academic work were chosen to make speeches at the graduation ceremony. Satomi was one and the other was a man in his forties.

Satomi delivered her speech on the excellent education she received at the university. She focused on working well with her fellow students and learning from each other. She expressed her gratitude for having had a chance to not only discover and develop her abilities but also to grow as a person.

After her speech the other student made a speech that she would not forget for the rest of her life. He said at the end of his speech, "This is the most memorable day for me. I always wanted to get an education and graduate from a university. My dream came true today, but that's not all. My daughter is attending her graduation ceremony at her university today." Everybody attending the ceremony applauded enthusiastically.

Satomi was impressed that he had the zeal to get a university education when he was working and had a family in his late forties.

This ceremony was the first one that moved her and she was happy to attend. She decided to take a job that would help young people to get a good education and develop their capabilities.

Questions 　21. What kind of university did Satomi graduate from?

22. Where does Satomi work?

23. What is Satomi's job?

24. Who made speeches at the graduation ceremony?

25. How did Satomi feel about the older man's speech?

26. What did the older man say in his speech?

27. What did the audience do when the older man finished his speech?

28. How did Satomi feel about the ceremony?

29. What did Satomi decide to do after she graduated?

30. What is the best title for this story?

訳例　　サトミはアメリカの大学を卒業し高校のカウンセラーとしてサンフランシスコで働いています。彼女の仕事の一部は大学へ進学を希望する生徒に助言することです。

サトミが学生のとき，彼女は入学式や卒業式のような式典に出席するのが嫌でした。しかしながら彼女が感銘を受け出席した甲斐があった式典が1つありました。それはアメリカの大学での卒業式でした。

成績が優秀だった2人の学生が卒業式でスピーチをするために選ばれました。サトミはその1人で，もう1人は40代の男性でした。

サトミはその大学で受けた卓越した教育についてスピーチをしました。彼女は共に学ぶ学生とうまく協働することや，互いに学びあうことに焦点を当てました。彼女は自身の能力を見つけ向上させるだけでなく，人として成長する機会があったことに謝意を表しました。

彼女のスピーチの後，もう1人の学生は彼女が一生忘れられないスピーチをしました。彼はスピーチの最後で「きょうは私にとって最も忘れることのできない日です。私は常に教育を身に付け，大学を卒業したいと思っていました。本日，私の夢が叶いました。でもそれだけではありません。私の娘は彼女の大学できょう卒業式に出席しているのです。」式典に出席していた誰もが熱心に拍手しました。

彼は40代後半で，働いていて，家族があるのに，大学教育を受けたいという彼の熱意にサトミは感銘を受けました。この式典は彼女を感動させ，出席してよかったという気持ちにさせた最初のものでした。彼女は若い人が立派な教育を受け，彼らの能力を生かす支援ができるような仕事に就こうと決心しまし

た。

質問　21. サトミはどんな大学を卒業しましたか。

22. サトミはどこで働いていますか。

23. サトミの仕事は何ですか。

24. 卒業式で誰がスピーチをしましたか。

25. サトミは年上の男性のスピーチについてどのように感じましたか。

26. その年上の男性は彼のスピーチで何を言いましたか。

27. その年上の男性がスピーチをし終えたとき聴衆は何をしましたか。

28. サトミはその式典についてどのように感じましたか。

29. サトミは卒業後，何をしようと決心しましたか。

30. この話の最も適切なタイトルは何ですか。

IV
会話を 2 度聴いたあと，
その内容に関する英語の質問を聴いて答えるリスニングテスト。10 問出題。

31. 解答：B

解説 "I have been to the United States, Canada, Britain, France, Italy, Germany and Switzerland." から正解は B。
A. カナダとスペイン　　B. イタリアとスイス
C. フランスとデンマーク　　D. ドイツとスウェーデン

2020年
第2回
解答・解説

32. 解答：A

解説 "I don't feel secure about visiting a foreign country by myself." から，正解は A。
A. 彼は怖がっている。　　B. 彼は興味がない。
C. 彼は忙しい。　　D. 彼は病気だ。

33. 解答：D

解説 "I visit foreign countries mainly to see my friends, to learn about culture, visit historical places, and experience new things, including local food." から，正解は D。
A. 働くため　　B. 買い物をするため

C. ビジネスをするため   D. 文化を学ぶため

34.　解答：B

解説 "I have acquired conversational English and that's good enough most of the time." から正解は B。

A. 彼女は会話が好きではない。

B. 彼女は英語でコミュニケーションができる。

C. 彼女はフランス語を流ちょうに話す。

D. 彼女は人を避ける。

35.　解答：D

解説 "When I visited New York for the first time, I had a heart-warming experience on the bus." から，正解は D。

A. イギリスで   B. イタリアで   C. カナダで   D. ニューヨークで

36.　解答：A

解説 "I was on my way to City Hall on a bus." から，正解は A。

A. 市役所   B. 14 丁目

C. ロイヤルアルバートホール   D. 34 丁目

37.　解答：A

解説 "An old lady got on the bus and asked the passengers in her broken English if it was going to 14th Street." から，正解は A。

A. バスが 14 丁目で止まるかどうか。

B. 彼らが彼女と同じ言語を話すかどうか。

C. バスの料金がいくらか。

D. 彼らがどこで降りるのか。

38.　解答：B

解説 "About five passengers answered in accented English that they would let her know when the bus reached her stop." から，正解は B。

A. 彼らはニューヨークで生まれた。

B. 彼らの母語は英語ではなかった。

C. 彼らはその老婦人と同じ国の出身だった。

D. 彼らは親切ではなかった。

39. 解答：D

解説 "The old lady looked relieved that people around her were willing to help a stranger from a foreign country." から，正解は D。

A. 乗客は彼女と一緒にバスを降りる予定だった。

B. 乗客は彼女の言葉を話した。

C. 乗客は彼女に個人的な質問をしなかった。

D. 乗客は彼女にどこで下車するのか教えるつもりだった。

40. 解答：B

解説 "I'm going to plan my trip to Britain for next summer." から，正解は B。

A. ニューヨーク　　B. イギリス　　C. フランス　　D. ドイツ

ナレーション

Taro:　　Say Haruko, do you like to travel abroad?

Haruko: Yes, Taro, I do. I love to visit various places.

Taro:　　Which countries have you visited so far?

Haruko: I have been to the United States, Canada, Britain, France, Italy, Germany and Switzerland.

Taro:　　I've never traveled abroad. What's good about it?

Haruko: You mean you aren't interested in what's going on outside Japan?

Taro:　　Well, I am but I don't feel secure about visiting a foreign country by myself.

Haruko: Oh, I see. I visit foreign countries mainly to see my friends, to learn about culture, visit historical places, and experience new things, including local food.

Taro:　　How about communicating with people abroad? Don't you have anxiety about that?

Haruko: Not so much. I have acquired conversational English and that's good enough most of the time. When I visited New York for the first time, I had a heart-warming experience on the bus.

Taro: Tell me about it.

Haruko: I was on my way to City Hall on a bus. An old lady got on the bus and asked the passengers in her broken English if it was going to 14th Street. About five passengers answered in accented English that they would let her know when the bus reached her stop. The old lady looked relieved that people around her were willing to help a stranger from a foreign country. This was one of my precious experiences traveling abroad.

Taro: It certainly is great to help each other regardless of one's nationality. I'm going to plan my trip to Britain for next summer.

Questions 31. What are some of the countries Haruko has visited?

32. Why is Taro reluctant to travel abroad?

33. What's one of Haruko's purposes to visit foreign countries?

34. Why doesn't Haruko have anxieties about communication with people abroad?

35. Where did Haruko have a heart-warming experience?

36. Where was Haruko's destination on the bus?

37. What did the old lady ask the passengers around her?

38. What can you tell about the passengers who helped the old lady?

39. Why did the old lady look relieved?

40. Where will Taro go next summer?

訳例　タロー：ねえ，ハルコ。海外旅行は好きかい？

ハルコ：ええ，タロー。好きだわ。私はいろんな所に行くのが好きよ。

タロー：これまでどんな国に行ったの？

ハルコ：アメリカ，カナダ，イギリス，フランス，イタリア，ドイツとスイスに行ったわ。

タロー：僕は海外旅行をしたことがないんだ。何が面白いの？

ハルコ：あなたは日本の外で起きていることに興味がないと言っているの？

タロー：あのう，興味はあるけど1人で外国に行くことに安心感がないんだ。

ハルコ：ああ，なるほど。私は主に友人に会ったり，文化を学んだり，歴史的な場所を訪れたり，地元の料理を含む新しい経験をするために外国に行くのよ。

タロー：海外の人たちとコミュニケーションすることについてはどうなんだい？　心配ないの？

ハルコ：そんなにないわ。私は英会話を身に付けたので，大抵はそれで間に合っているわ。初めてニューヨークに行ったとき，私は心温まる経験をしたの。

タロー：その話をしてくれる？

ハルコ：市役所に行くのにバスに乗っていると，老婦人がバスに乗ってきてそのバスが14丁目に行くかどうか乗客に片言の英語で尋ねたの。約5人の乗客が訛りのある英語で，バスが彼女の行き先のバス停に着いたら教えてあげると返事したの。その老婦人は，外国出身の見知らぬ者を周りの人たちが喜んで助けてくれるのに安心したようだったわ。これは私の海外旅行の貴重な経験の1つなの。

タロー：国籍に関係なく互いに助け合うことは確かに素晴らしいね。来年の夏はイギリス旅行を計画しよう。

質問　31. ハルコが行ったことのある国はどれですか。

　　　32. タローはなぜ海外旅行をしたくないのですか。

　　　33. ハルコが外国を訪れる目的の一つは何ですか。

　　　34. ハルコはなぜ海外の人たちとコミュニケーションを取るのに不安がないのですか。

　　　35. ハルコはどこで心温まる経験をしましたか。

　　　36. ハルコのバスの行き先はどこでしたか。

　　　37. 老婦人は周りの乗客に何を尋ねましたか。

　　　38. 老婦人を助けた乗客についてどんなことがわかりますか。

　　　39. 老婦人はなぜ安心したように見えたのですか。

　　　40. タローは次の夏どこに行く予定ですか。

英文の下線部の意味を最もよく表す語または語句を
4つの選択肢中から1つ選ぶ問題。10問出題。

---

41. 解答：C

解説 get the picture は「状況を理解する，わかる」の意味なので，C が正解。

訳例 これらが私の計画です。おわかりになりますか。

A. 絵を買う　　B. 絵の具で描く　　C. 理解する　　D. 写真を撮る

---

42. 解答：A

解説 spill the beans は「秘密をうっかり漏らす」の意味なので，A が正解。

訳例 あなたは秘密を漏らしてはいけません。

A. 秘密を言う　　B. 食べ物を無駄にする
C. 作物を売る　　D. 炭水化物を食べる

---

43. 解答：B

解説 for the world は「絶対に，決して」の意味なので，B が正解。

訳例 彼は自分の悪い癖を決して変えようとしなかった。

A. しばらくの間　　B. 何が何でも　　C. 素早く　　D. 皮肉にも

---

44. 解答：D

解説 on the heels of は「のすぐ後に（続いて）」の意味なので，D が正解。

訳例 疾病のすぐ後に大恐慌が起きた。

A. 2年後に　　B. 長時間後に　　C. 1カ月後に　　D. すぐ後に

---

45. 解答：D

解説 take stock (of) は「（を）慎重に検討する，調べる」の意味なので，D が正解。

訳例 私たちは状況を慎重に検討する必要があります。

A. 臭う　　B. 飛ばす　　C. 守る　　D. 調べる

---

46. 解答：C

解説 play ball は「協力する」の意味なので，C が正解。

訳例 彼女は私たちに協力しないでしょう。

A. 釣りに行く　　B. 抵抗する　　C. 協力する　　D. 質問する

47. 解答：B

解説 sink one's teeth into は「に熱心に取り組む，夢中になる」の意味なので，Bが正解。

訳例 あなたはこの本に夢中になるでしょう。
A. 食べる　　B. 読むことを楽しむ　　C. 引き裂く　　D. 思い悩まない

48. 解答：B

解説 go easy on は「（人）に（厳しく当たらず）手加減する」の意味なので，Bが正解。

訳例 新顔にはお手やわらかにお願いします。
A. 過度に働かせる　　B. に優しくする　　C. 解雇する　　D. 無視する

49. 解答：A

解説 put through は「の電話をつなぐ」，put me through to は「私の電話を〜につなぐ」の意味なので，Aが正解。

訳例 お電話を社長につないでくださいますか。
A. つなぐ　　B. 私を〜に運ぶ　　C. 呼びつける　　D. 起こす

50. 解答：C

解説 have O in one's pocket は「を意のままに支配する」の意味なので，Cが正解。

訳例 彼女は彼を意のままにします。
A. 彼のために物を運ぶ　　B. 彼と一緒にいる
C. 彼をコントロールする　　D. 彼を支える

| VI | 300〜400語程度のまとまりのある文を国連英検指定テキスト『新 わかりやすい国連の活動と世界』から抜粋し，その内容を把握しているかどうかを問う問題。10題出題。 |

51. 解答：C

解説 "The Secretariat, an international staff working at United Nations Headquarters in New York and in the field, carries out the day-to-day work of the Organization." から，Cが正解。

訳例 国連本部の事務局は，どんな業務を行いますか。
A. 雇用問題を担当する。　　B. ビジネス問題に焦点を当てる。
C. 国連の日常業務を行う。　　D. 世界的企業の総支配人を援助する。

52. 解答：D

解説 "It is made up of the Secretary-General, who is the chief administrative officer of the United Nations, and such staff as the Organization may require." から，D が正解。

訳例 国連本部では誰が事務局のメンバーですか。
A. 事務総長のみ　　B. 国際職員のみ
C. 事務総長と加盟国　　D. 事務総長と職員

53. 解答：A

解説 "The General Assembly, on the recommendation of the Security Council, appoints the Secretary-General" から，A が正解。

訳例 事務総長の任命は国連のどの機関が推薦しますか。
A. 安全保障理事会　　B. 総会
C. グローバル・コンパクト　　D. 国際的な機関

54. 解答：C

解説 "The General Assembly, on the recommendation of the Security Council, appoints the Secretary-General for a term of five years." から，C が正解。

訳例 事務総長は何年の任期がありますか。
A. 3 年　　B. 4 年　　C. 5 年　　D. 6 年

55. 解答：C

解説 "As international civil servants, they work for the Organization as a whole;" から，C が正解。

訳例 本文の内容に合わないものはどれですか。
A. 事務総長は国際平和と安全の維持を脅かすかもしれない事項について，安全保障理事会に調べてもらうよう依頼することができる。
B. ニューヨークの国連本部にある事務局には 4 万人の職員がいる。
C. ニューヨークの国連本部の職員は公務員ではない。
D. ニューヨークの国連本部の職員は外部機関からの指示を求めてはならない。

56. 解答：B

解説 "The Secretary-General often takes independent initiative in consideration of the requirements to be fulfilled by the United Nations on a global basis." から，B が正解。

訳例　本文の内容に合わないものはどれですか。

    A. 潘基文事務総長は地球温暖化問題や持続可能な開発の課題に取り組んだ。

    B. 事務総長は，グローバルな問題を検討するためにイニシアティブをとることができない。

    C. アナン事務総長は 2000 年にグローバル・コンパクトを設立した。

    D. グローバル・コンパクトには，10 の原則に基づく民間企業のための枠組みがある。

57.　解答：A

解説　lay down は「規定する，定める」の意味なので，A が正解。

訳例　下線部（57）laid down の意味は何ですか。

    A. 制定した　　B. 捨てた　　C. 拒否した　　D. 同意した

58.　解答：C

解説　call on は「依頼する，求める」の意味だから，C が正解。

訳例　下線部（58）called on の意味は何ですか。

    A. 暴露した　　B. 防いだ　　C. 要求した　　D. 必要とした

59.　解答：B

解説　undertake は「引き受ける，請け負う，着手する」の意味だから，B が正解。

訳例　下線部（59）undertakes の意味は何ですか。

    A. 受け取る　　B. 実行する　　C. 仕える　　D. よく考える

60.　解答：D

解説　launch は「開始」の意味だから，D が正解。

訳例　下線部（60）launch の意味は何ですか。

    A. 推薦　　B. 制限　　C. 管理　　D. 開始

訳例　　ニューヨークの国連本部および世界各地で働く国際職員から成る事務局は，国連の日常業務を行う機関である。事務局はまた，国連の他の機関を補助し，これらの機関が立てた計画や政策を実施する。事務局は，国連の行政職員の長である事務総長と，国連が必要とする職員で構成される。

総会は安全保障理事会の勧告に基づき，5年の任期で事務総長を任命する。事務総長は行政の職務に加え，国連憲章の定めるところによって総会，安全保障理事会および他の機関から委託される「他の任務」を遂行する。事務総長はまた，国連憲章によって与えられた権限に基づき，「国際平和と安全の維持を脅かすと認める事項」について，安全保障理事会の注意を促すことができる。（中略）

　　約4万人の男女国際職員から成る事務局は，ニューヨークの国連本部および世界各地の事務所やセンターで，国連の日常業務を行っている。国際公務員として，国連全体のために働いている各職員は，いかなる政府もしくは外部機関からも指示を求めず，また受け入れないことを誓っている。国連憲章第100条に従い各加盟国は，事務総長および職員の責任がとりわけ国際的な性質のものであることを尊重し，その職務活動に対して影響力を行使しないよう義務づけられている。

　　事務総長は，国連に課せられるグローバルな要求に照らしてしばしば独自のイニシアティブを発揮する。例えば潘基文事務総長は地球温暖化問題，持続可能な開発等の課題に優先的に取り組んだ。また事務総長は，国連が多方面のグローバルな課題により円滑に取り組めるような制度構築を率先して行うこともある。たとえば，2000年にアナン事務総長の下で発足したグローバル・コンパクトは，人権，労働，腐敗との戦い，環境に関する10の原則を謳っており，民間企業が様々な規範を実現するための枠組みを提供している。発足以来，多くの企業や市民社会組織がこのグローバルなネットワークに参画してきた。

VII	2つの文章に共通して用いられる語を1つ，選択肢の中から選ぶ問題。 10問出題。

61.　解答：C

解説　blow は自動詞で「（風が）吹く」，他動詞で「を台なしにする，へまをする」の意味。正解は C。

訳例　「きょうは風が激しく吹いた」
　　　「私は英語のテストですごくへまをした」
　　　A. 飛んだ　　B. ねじで締める　　D. ほとんどない

62.　解答：A

解説　innocent は形容詞で「無罪の，無邪気な」の意味。正解は A。

訳例　「彼女はその罪を犯していない」
　　　「彼女は年の割にとても無邪気に見える」
　　　B. 若い　　C. 形式ばった　　D. 背の高い

63. 解答：B

解説 spring は自動詞で「急に〜する」，他動詞で「(船が) 水漏れを起こす」の意味。正解は B。

訳例 「彼は急に行動した」
「ボートは水漏れを起こした」
A. 落ちた　　C. 来た　　D. 踏んだ

64. 解答：D

解説 will は助動詞で「〜だろう」，名詞で「遺言」の意味。正解は D。

訳例 「彼女は私たちと一緒に来るでしょう」
「私の祖父は遺言を残した」
A. しなければならない　　B. した　　C. 寒い

65. 解答：A

解説 break は他動詞で「(戸など) を押し破る」，名詞で「小休止，休憩」の意味。正解は A。

訳例 「私は私の鍵がかかった自動車のドアを押し破らなければならない」
「あなたは春休みの間，何をしますか」
B. 見る　　C. 休暇　　D. 粉砕する

66. 解答：B

解説 fair は形容詞で「公正な」，名詞で「品評会，見本市」の意味。正解は B。

訳例 「この判決は公正ではない」
「見本市に行きましょう」
A. 良い　　C. 強い　　D. 見せ物

67. 解答：D

解説 saw は see の過去形，原形・他動詞で「見える」「(木など) をのこぎりで切る」の意味。正解は D。

訳例 「昨日私は虹を見た」
「私はのこぎりで木を切らなければなりません」
A. 切る　　B. 気づいた　　C. たたき切る

68. 解答：C

解説 place は名詞で「場所」，他動詞で「を置く」の意味。正解は C。

訳例 「神戸は素晴らしい場所です」
「どうか花をテーブルの上に置いてください」
A. 置く　　B. 町　　D. 持つ

69. 解答：A

解説 lie は自動詞で「に横たわる，横たわっている」，名詞で「うそ」の意味。正解は A。

訳例 「眠っている犬は寝かせておけ（さわらぬ神にたたりなし）」
「彼はうそをついた」
B. うなる　　C. 笑う　　D. 物語

70. 解答：B

解説 face は名詞で「顔」，他動詞で「直面する」の意味。正解は B。

訳例 「彼女は素敵な顔をしている」
「今度は私がその結果に直面しなければなりません」
A. 口　　C. 個性　　D. 猫

VIII 4つの文章の中で，文法的に用法が間違っているものを見つける問題。
10問出題。

71. 解答：A

She always <u>keeps on</u> → <u>keeps up</u> appearances.
「彼女はいつも体裁をつくろう」

解説 appearance の用法を問う問題。B の make an appearance は「ちょっと顔を出す」，C の to all appearances は「どう見ても」，D の have a luxurious appearance は「豪華に見える」の意味。A は keeps up appearances で「体裁をつくろう，対面を保つ」の意味なので，keeps on appearances ではなく keeps up appearances が正しい。A が正解。

訳例 B. その会社の社長は会議にちょっと顔を出した。
C. 彼女はどう見ても人格者だ。
D. そのホテルは豪華に見える。

72. 解答：C

The girl is <u>an apple of her mother's eye</u> → <u>the apple of her mother's eye</u>.

「その女の子は母親がとても大切にしています」

解説 apple の用法を問う問題。A の apple polishers は「ごきげん取り，ごまをする人」，B の a rotten apple は「性根の腐った人」，D の sliced apple は丸 1 個の形をとどめていない「スライスされたリンゴ」の意味。A は the apple of her mother's eye で「母親が非常に大切にしている人」の意味なので，an apple of her mother's eye ではなく the apple of her mother's eye が正しい。C が正解。

訳例 A. 人々はごまをする人を信用しません。
B. 性根の腐った人と対応するのは難しい。
D. そのケーキにはスライスされたリンゴが入っている。

73. 解答：D

I watched the tennis match <u>on the edge of seat</u> → <u>on the edge of my seat</u>.

「私は手に汗握ってテニスの試合を見ていた」

解説 edge の語法を問う問題。A の cutting-edge technology は「最先端の科学技術」，B の is on edge は「神経質になっている，いらいらしている」，C の took the edge off his pain は「彼の痛みを和らげた」の意味。D は on the edge of one's seat で「はらはらして，手に汗握って」の意味なので on the edge of seat ではなく on the edge of my seat が正しい。D が正解。

訳例 A. 学生たちは最先端の科学技術を用いて学習しています。
B. 彼はいらいらしている。
C. その薬は彼の痛みを和らげた。

74. 解答：B

The one-dollar gold coin is no longer <u>current use</u> → <u>in current use</u>.

「その 1 ドルコインは現在では使われていない」

解説 current の用法を問う問題。A の swim against the current は「流れに反して泳ぐ」，C の current は形容詞で「現在の」，D の current は名詞で「電流」の意味。B は is no longer in current use で「現在では使われていない」の意味なので，current use ではなく in current use が正

しい。Ｂが正解。

訳例　A. 流れに逆らって泳ぐことは難しい。
　　　C. これが私の現在の住所です。
　　　D. 電流は電線を通って流れる。

75.　解答：Ｄ

I want to <u>do away of</u> → <u>do away with</u> the meaningless regulations.

「私はその意味のない規則を廃止したい」

解説　do の用法を問う問題。Ａの do the dishes は「皿洗いをする」, Ｂの make do with は「で間に合わせる」, Ｃの dos and don'ts は「すべきことと してはいけないこと, 規則, 慣例」の意味。Ｄの下線部は「を廃止する」 という意味なので, do away of ではなく do away with が正しい。Ｄが 正解。

訳例　A. お皿を洗ってくださいますか。
　　　B. 私は残り物で間に合わせます。
　　　C. 宴会のテーブルマナーの規則をどうか読んでください。

76.　解答：Ａ

I am <u>all thumb</u> → <u>all thumbs</u>.

「私は無器用です」

解説　thumb の語法を問う問題。Ｂの thumbed through は「をぱらぱらめく ってざっと見た」, Ｃの bites his thumb at は「をばかにする」, Ｄの thumbs down は「反対, 拒否」の意味。Ａの下線部は「無器用である」 という意味なので, all thumb ではなく all thumbs が正しい。Ａが正解。

訳例　B. 彼女は雑誌をぱらぱらめくってざっと見た。
　　　C. 彼は雇用主をばかにしている。
　　　D. 反対！

77.　解答：Ｃ

He <u>has his nose to</u> → <u>has his nose in</u> the newspaper.

「彼は新聞を非常に熱心に読んでいる」

解説　nose の用法を問う問題。Ａの kept her nose out of は「に干渉しない, 口を挟まない」, Ｂの right under your nose は「のすぐ目の前で」, Ｄの with his nose in the air は「傲慢な態度で」の意味。Ｃの下線部は「を

非常に熱心に読んでいる」という意味なので, has his nose to ではなく has his nose in が正しい。C が正解。

訳例　A. 彼女はその問題に干渉しなかった。
　　　B. あなたが探している鍵はあなたのすぐ目の前にあります。
　　　D. 彼はいつも傲慢な態度で歩き回る。

78.　解答：D

The medicine picked me on → picked me up.

「その薬が私を元気にした」

解説　pick の語法を問う問題。A の pick on は「をいじめる」, B の take your pick は「自由に選ぶ」, C の pick me up は「を車で迎えに行く」の意味。D の下線部は「(薬などが人) を元気にした」の意味なので, picked me on ではなく picked me up が正しい。D が正解。

訳例　A. 誰かをいじめることは卑怯だ。
　　　B. そのチョコレートから自由に選んでください。
　　　C. 彼は私を家まで車で迎えに来てくれる。

79.　解答：B

He got raw deal → a raw deal.

「彼はひどい扱いを受けた」

解説　raw の語法を問う問題。A の raw fish は「生魚」, C の raw silk は「生糸」, D の raw material は「原料」の意味。B の下線部は「不当な扱い」の意味なので, raw deal ではなく a raw deal が正しい。B が正解。

訳例　A. 私は生魚が嫌いです。
　　　C. 生糸はこの地域の産物です。
　　　D. 石炭は原料です。

80.　解答：A

All that was left was dusts and ashes → dust and ashes.

「残ったのはガラクタだけだった」

解説　dust の語法を問う問題。B の dust は他動詞で「ほこりを拭き取る」, C の dry as dust は「まったく面白くない」, D の let the dust settle は「事態がおさまるのを待つ」の意味。A の下線部は「ガラクタ, つまらぬもの」の意味なので, dusts and ashes ではなく dust and ashes が正しい。

167

A が正解。

訳例 B. どうかテーブルのほこりを拭き取ってください。

C. あの映画はまったく面白くなかった。

D. あなたは事態がおさまるのを待たなければなりません。

IX 300 語前後のまとまりのある文を読み，読解力を試す問題。
空所補充，語句の並べ替え，語彙力，行間を読む力を問う問題を 10 問出題。

81. 解答：C

解説 "racial and ethnic harassment" の意味を問う問題なので，C が正解。

訳例 「人種的，民族的ハラスメント」とは何ですか。

A. 友だちになること　　B. 日本人になること

C. 人種や民族によって人をいじめること　　D. 日本人だけを傷つけること

82. 解答：D

解説 Although no regulations and punishments exist to stop bias at companies and in society, ... から，D が正解。

訳例 日本では人種や民族の差別に対して規則や罰がありますか。

A. あります。全国的なもので，非常に厳しく効力があります。

B. 市によって異なるため，やや効力があります。

C. 規則や罰は法律ですが，効力はありません。

D. 日本には人種や民族のハラスメントに対して規則や罰はありません。

83. 解答：A

解説 This includes discrimination against long-time resident ethnic Koreans and Chinese. から，A が正解。

訳例 日本で最も差別に苦しんでいる 2 つの主要な民族はどれですか。

A. 中国人と韓国人　　B. アメリカ人とカナダ人

C. スペイン人とイタリア人　　D. レバノン人とブラジル人

84. 解答：C

解説 "deep discrimination" の意味を問う問題だから，C が正解。

訳例 日本には「根深い差別」があると国連特別報告者ドゥドゥディエンの報告書で述べているが，それはどんな意味ですか。

A. 日本には差別についてほんの少しだけ問題がある。

B. 日本で差別をする人は深く考える人たちである。

C. 日本の差別は非常に深刻である。

D. 日本人は差別をされている。

85. 解答：D

解説 His schoolmates would often make cruel remarks about his bi-racialism. から，D が正解。

訳例 ジュリアン・キーンのクラスメートはなぜ彼に卑劣なことをしたのですか。

A. 彼はいじめっ子だった。

B. 彼の父は差別に対する防止策や罰に賛成だった。

C. 彼はクラスメートを差別した。

D. 彼は2つの人種のルーツを持っていた。

86. 解答：D

解説 In a 2016 government survey, 30 percent of foreign residents surveyed said they had "frequently" or "occasionally" been the target of discriminatory speech — 53 percent of whom say such prejudice came from "strangers" and 38 percent said they were subjected to discrimination by superiors, colleagues or *subordinates in the workplace, or by their clients. から，D が正解。

訳例 2016年の政府の調査は何を表していますか。

A. 30パーセントの外国人居住者はときどき，または頻繁に彼らに対して差別的なことを言われた経験があると言った。

B. 差別の53パーセントは見知らぬ人から出たものだと彼らは言った。

C. 38パーセントは上司，同僚や部下から，または顧客から出たものだと彼らは言った。

D. 上記は全て事実である。

87. 解答：A

解説 Moon Gong-hwi, the secretary-general of the Center, admits he is fighting a difficult battle. から，A が正解。

訳例 多民族共生人権教育センターの事務局長は誰ですか。

A. ムン・ゴンフィ　　B. 厚生労働省大臣

C. ジュリアン・キーン　　D. ドゥドゥ・ディエン

88. 解答：A

解説 He said: "There are cases in which employees were forced to relocate or even quit their jobs after lodging complaints about racial harassment to their companies. から，A が正解。

訳例 本文によると，従業員が人種的ハラスメントについて会社に苦情を言った後，彼らはどうなりますか。
A. 転勤，または辞職させられる。　　B. ストライキを行う。
C. 彼らの国々に苦情を言う。　　D. 支援してもらった上司に感謝する。

89. 解答：D

解説 There were 2.73 million foreign residents living in Japan as of the end of 2018, according to the Justice Ministry. から，D が正解。

訳例 2018 年末には何人の外国人が日本に住んでいましたか。
A. 2 億 7,300 万人　　B. 2,730 万人
C. 2,773 万人　　D. 273 万人

90. 解答：C

解説 本文の内容から日本における人種や民族に対する差別が深刻であることがわかる。C が正解。

訳例 この文章に最も適する題はどれですか。
A. 日本には差別は存在しない！　　B. 日本にはわずかに差別があるだけだ
C. 日本には多くの差別がある　　D. 差別と世界

訳例 　日本が外国人労働者に門戸を開くにつれ，職場での人種問題や民族のハラスメントについて新たに綿密な調査が行われている。
　世界の多くの国々で人種や民族のハラスメントは違法だが，その問題意識が日本ではいまだに欠如している。
　会社や社会で偏見を止めるための規則や罰はないが，より多くの外国人は直面している差別について声を上げ変革を求めている。
　この中には長年の居住者である韓国人や中国人に対する差別も含む。
　日本の少数民族や急進的団体は，日本の「根深い差別」を批判する国連特別報告者ドゥドゥディエンの 2006 年の報告書を歓迎した。
　アメリカ人の父と日本人の母を持つ大阪市立大学の研究者，ジュリアン・キーンは彼の幼年期の辛い出来事を思い出す。彼の学友たちは彼が 2 つの人種のルーツを持っていることについて酷いことをしばしば言った。

キーンは違反者に対する法的な防止策や罰を会社の就業規定に組み入れるよう要求している。

2016年の政府の調査では30パーセントの外国人居住者が「頻繁に」または「ときどき」差別的な言葉の的になってきたと述べた。そのうち53パーセントが「見知らぬ人」からの偏見で，38パーセントが職場の上司，同僚，部下または顧客からの差別を受けたと言った。

多民族共生人権教育センターは，教育を通して多民族共生を促進する大阪を拠点とする非営利団体である。センターは理解を深めるために小冊子やビデオを制作している。また，センターは人種的嫌がらせについて実情調査を行った。

多民族共生人権教育センターは，2020年6月に女性の社会的地位向上の法律とハラスメント規則の下で，政策ガイドラインに人種的嫌がらせを加えるよう厚生労働省に要請した。会社はこのような偏見の根本的な原因に対処する必要があると専門家は主張する。

多民族共生人権教育センター事務局長のムン・ゴンフィは，難しい戦いをしていると認めている。

彼は「従業員は人種的な嫌がらせについて会社に苦情を言った後で，無理やり転勤させられたり，辞職させられたりしているケースがあります。私は職場で差別を目撃した人たちが前に出てきて，差別に対して反対の声を上げることを願っています」と言った。

法務省によると2018年末の在日外国人居住者は273万人であった。

| X | まとまりのある会話文を読み，会話が行われている状況におけるイディオム，語彙力，コミュニケーションの力を試す問題。10問出題。 |

91. 解答：A

解説 "And Malala was very brave to fight for the right of Pakistani women to get educated."とマリコが述べていることから，Aが正解。

訳例 マララは何で有名ですか。
A. 人権　　B. 環境保護　　C. 大学で教えること　　D. 演技

92. 解答：A

解説 "Swedish environmental activist Greta Thunberg"とマリコが述べていることから，Aが正解。

訳例 グレタは何で有名ですか。
A. 環境保護　　B. 演技　　C. 人権　　D. 大学で教えること

93. 解答：D

解説 "Many of my students don't care about education." とマリコが言って
いることと，"Same with my university students." とシゲミが言ってい
ることから，D が正解。

訳例 シゲミとマリコの仕事は何ですか。
A. 人権活動　　B. 工学　　C. 学生　　D. 教職

94. 解答：C

解説 "The Taliban shot her[Malala] in the head." とシゲミが述べているこ
とから，C が正解。

訳例 マララの頭を誰が銃で撃ったのですか。
A. オックスフォードの学生　　B. グレタ・トゥンベリ
C. タリバン　　D. 環境保護論者

95. 解答：A

解説 "Instead she[Malala] got the Nobel Prize." とマリコが述べていること
から，A が正解。

訳例 誰がノーベル賞をもらいましたか。
A. マララ　　B. グレタ　　C. マララとグレタ　　D. シゲミとマリコ

96. 解答：B

解説 "Greta has been brilliant in bringing home the perils of global
warming." とマリコが言っていることから，B が正解。

訳例 グレタはなぜ "I want you to panic" と会議で言ったのですか。
A. 彼女は何を言ったらいいのかわからなかった。
B. 地球温暖化（気候変動）は正に目前の危険である。
C. 経済は不景気になるところだった。
D. 会議場で火事があった。

97. 解答：C

解説 "And Malala was very brave to fight for the right of Pakistani women
to get educated." とマリコが言っていることから，C が正解。

訳例 パキスタンにおいてマララの深刻な心配事は何でしたか。
A. 戦争の終結　　B. 人種差別　　C. 女性の教育　　D. 気候変動

98. 解答：D

解説 "Instead she got the Nobel Prize." とマリコが言っていることから，D が正解。

訳例 "Though it's a small compensation for her pain" とマリコが言いましたが，"it" は何を指していますか。
A. 撃たれること　　B. お金をもうけること
C. オックスフォード大学で勉強すること　　D. ノーベル賞をもらうこと

99. 解答：D

解説 "Many of my students don't care about education." "And many of my students don't care about climate change. They think it won't affect them." とマリコが言い，"Same with my university students. When I think of women risking their lives for an education, I get angry." とシゲミが述べていることから，D が正解。

訳例 シゲミとマリコはなぜ自分たちの大学の学生に対して不満に思っているのですか。
A. 彼らは怠けている。　　B. 彼らは教育に関心がない。
C. 彼らは気候変動に関心がない。　　D. 上記すべて。

100. 解答：D

解説 "I try hard to encourage my female students to follow their ambitions." とシゲミが言い，"I tell my students to look beyond what governments and corporations are saying." とマリコが言っていることから，D が正解。

訳例 シゲミとマリコは自分たちの学生にどんなことを望みますか。
A. 性差別にもかかわらず女性が成功すること
B. 政府や会社が述べていることと異なることを考えること
C. 文明を崩壊すること
D. A と B

訳例 マリコ：スウェーデンの環境活動家のグレタ・トゥンベリがイギリスのオックスフォード大学でノーベル賞受賞者のマララ・ユスフザイと会ったのを知っている？
シゲミ：ああ，知っているよ。僕は2人の経歴をチェックしているんだ。2人を尊敬しているよ。

マリコ：グレタは地球温暖化の危険を訴えることを立派にやっているわ。「皆さんに慌てて欲しいのです」と彼女は会議で言ったの。

シゲミ：彼女は環境のための学校ストライキを指揮するためにイギリスにいたんだ。

マリコ：それにマララはパキスタンの女性が教育を受ける権利のためにとても勇敢に戦ったわ。

シゲミ：タリバンは彼女の頭を銃で撃ったんだ。彼女は命を落とさなくて運が良かったね。

マリコ：それどころか彼女はノーベル賞をもらったわ。彼女の痛みにしたら小さな償いだけど。

シゲミ：グレタとマララが僕の大学に来てくれたらいいのに。

マリコ：私の大学にもね。私の多くの学生は教育に関心がないの。

シゲミ：僕の大学の学生も同じだよ。女性たちが教育のために命を賭けていることを思うと，腹が立つね。

マリコ：それに多くの学生は気候変動に関心がないの。彼らには影響がないと思っているわ。

シゲミ：僕たちの学生が大人になったときにもっと分別があって欲しいな。僕は年配者がもっと心配なんだ。彼らの多くがマララやグレタの言っていることを拒否しているよ。

マリコ：それか，同意しているふりだけなのよね。タリバンがマララを銃で撃ったのはひどいと彼らは言うけれど，彼らも彼らなりのやり方で女性を抑圧しているわ。

シゲミ：僕は女子大生が大きな望みを持てるように励まそうと頑張っているんだ。

マリコ：私は政府や会社が言っていることと異なる視野を持つように学生に言っているわ。

シゲミ：気候変動が文明を崩壊させる前にそうしなければならないね。

マリコ：それに全ての生き物が破壊される前にね。

シゲミ：マララとグレタは人に影響を与え続けてくれるといいね。

マリコ：それは私たちの仕事でもあるわ。私たちは有名じゃないけれど。

I
1. D　2. B　3. A　4. C　5. A　6. B　7. D　8. C　9. B　10. A

II
11. A　12. C　13. A　14. D　15. B　16. D　17. A　18. B　19. D　20. A

III
21. B　22. C　23. B　24. A　25. B　26. D　27. A　28. B　29. C　30. A

IV
31. B　32. A　33. D　34. B　35. D　36. A　37. A　38. B　39. D　40. B

V
41. C　42. A　43. B　44. D　45. D　46. C　47. B　48. B　49. A　50. C

VI
51. C　52. D　53. A　54. C　55. C　56. B　57. A　58. C　59. B　60. D

VII
61. C　62. A　63. B　64. D　65. A　66. B　67. D　68. C　69. A　70. B

VIII
71. A　72. C　73. D　74. B　75. D　76. A　77. C　78. D　79. B　80. A

IX
81. C　82. D　83. A　84. C　85. D　86. D　87. A　88. A　89. D　90. C

X
91. A　92. A　93. D　94. C　95. A　96. B　97. C　98. D　99. D　100. D

国連英検実施要項

主　　　催	公益財団法人 日本国際連合協会 国連英検事務局
問い合わせ先	〒104-0031　東京都中央区京橋 3-12-4 MAOビル 4 階 TEL 03-6228-6831 ／ FAX 03-6228-6832 http://www.kokureneiken.jp/

※最新の情報は国連英検ホームページ http://www.kokureneiken.jp/ で確認すること。

		1 次試験	2 次試験
試験日	第 1 回	毎年 5 月下旬の日曜日	毎年 7 月中旬の日曜日
	第 2 回	毎年 10 月下旬の日曜日	毎年 12 月中旬の日曜日
	※ 2 次試験は特 A 級・A 級のみ。		

試験地	■ 1 次試験…札幌・仙台・長野・さいたま・千葉・東京・神奈川・名古屋・金沢・神戸・京都・大阪・広島・福岡・鹿児島・那覇の予定 ■ 2 次試験…特A級：東京・大阪 　　※特 A 級・A 級の併願者の 2 次試験はすべて東京・大阪で行なわれる。 　　A 級：札幌・仙台・東京・名古屋・大阪・福岡・鹿児島・那覇の予定 受験会場名，所在地は受験票に明示される。受験地の変更はできない。なお，1 次試験を特別会場で受験した受験者の 2 次試験は，最寄りの試験会場となる。 ※ただし，会場は毎回変更の可能性がある。

検定料 （税込）	特A級…12,500 円　　　A 級…10,000 円　　　B 級…7,500 円 C 級…4,500 円　　　D 級…4,000 円　　　E 級…3,000 円 ※一度納入された検定料は返却できない。申し込み後の変更もできない。 ※事務局が申込書を検定料の受領後，受付完了。

併願受験 検定料 （税込）	特A級＋A 級＝ 20,000 円　　　　A 級＋B 級＝ 15,000 円 B 級＋C 級＝ 11,000 円　　　　C 級＋D 級＝ 8,000 円 D 級＋E 級＝ 6,000 円 ※一度納入された検定料は返却できない。申し込み後の変更もできない。 ※事務局が申込書を検定料の受領後，受付完了。

1 次試験の 開始時間	A 級　C 級　E 級……午前 10 時 30 分（集合時間午前 10 時） 特A級　B 級　D 級……午後 2 時（集合時間午後 1 時 30 分）

<table>

試験方法

■ 1次試験

級	試験方法	試験時間
特A・A	筆記試験のみ	120 分
B	リスニングテスト 筆記試験	120 分
C・D		100 分
E		80 分

■ 2次試験

※特A級・A級の1次試験合格者および1次試験免除者が対象。
※面接シートに事前に所要事項を英語で書き込み，外国人面接官などの質問事項
　に答える。
※A級については会場によりSkype等によるオンライン面接になる場合もある。
※面接の内容は試験実施の品質向上と厳正さを担保することを目的に録音（オン
　ラインの場合は録画）される。

合格発表

合格者には
合格カード
を発行

試験結果は郵送にて通知。

	1次試験	2次試験
第1回	毎年 6 月下旬	毎年 8 月中旬
第2回	毎年 11 月下旬	毎年 1 月中旬

**受験
申し込み
要項**

●併願の場合

午前午後で隣接する2つの級を同日に受験することができる。併願を希望する場合は「受験申込書」の併願欄に記入して申し込むこと。

● 1次試験免除

前回または前々回の1次試験に合格し，2次試験に不合格または欠席した場合，申請により1次試験が免除され，2次試験のみ受験できる。申込書の所定欄にその旨を記入し申し込むこと。検定料は同じ。

受験票

申込書と検定料金の受理後，受験地の会場・所在地が記載された受験票が1次試験日の1週間前までに送付される。届かない場合は，必ず試験日の3日前までに国連英検事務局（03-6228-6831〈代表〉）へ問い合わせること。顔写真1枚（4センチ×3センチ）を試験日までに用意し受験票に貼り付けておくこと。試験当日は，受験票とともに身分証明書を持参すること。

**受験
申し込み
方法**

書店，郵送，インターネット（PC・スマートフォン）で申し込みができる。
詳細は国連英検ホームページ http://www.kokureneiken.jp/ で確認する。

申込受付期間
　第1回　3 月初旬～4 月下旬　※翌日消印有効
　第2回　8 月上旬～9 月下旬　※翌日消印有効

</table>

検定料のお支払い方法

電話で申し込む場合	国連英検事務局へ電話・FAX にて申し込みができる。申し込み受付後「コンビニ支払用紙」が郵送される。
郵送で申し込む場合	国連英検事務局に受験申込書を請求する。 ●支払方法：必ず受験者氏名で銀行または郵便局から振り込む。
インターネット （PC・スマートフォン） で申し込む場合	国連英検のホームページから申し込みができる。 （PC・スマートフォン）http://www.kokureneiken.jp/ ●支払方法：クレジットカード支払い，コンビニエンスストア支払い，銀行または郵便局から振り込む。

検定料の各種支払詳細

振込の場合	●銀行からの振込 銀行名：　三菱 UFJ 銀行　日本橋支店 口座名：　（公財）日本国際連合協会　国連英検事務局 口座番号：普通口座 0010400 金額：　　該当級の受験料 ※振込手数料は受験者負担。 ※現金・為替は取り扱い不可。 ※いずれも事務局が申込書と検定料の受領を確認後，受付完了。 ※インターネット（PC・スマートフォン）で申し込んだ受験者は，ご依頼人の前に「受付番号」（メールにて通知される）を記入する。
	●郵便局からの払込 郵便局設置の払込書（青票）にて以下の内容を記入の上，払い込む。 加入者名：（公財）日本国際連合協会 口座番号：00130-7-24670 金額：　　該当級の受験料 ※振込手数料は受験者負担。 ※ご依頼人欄に受験者名，住所，電話番号を必ず記入する。インターネット（PC・スマートフォン）で申し込んだ受験者は，ご依頼人の前に「受付番号」（メールにて通知される）を記入する。 ※払込金受領書は必ず保管する。
クレジットカード の場合	●インターネット（PC・スマートフォン）からの申し込みのみ可能 入力フォームにて「クレジットカード払い」を選択し，カード番号，有効期限などを入力する。 ※利用可能クレジットカードは国連英検のホームページで確認のこと。
コンビニエンスストア の場合	●インターネット（PC・スマートフォン）からの申し込みの場合 入力フォームにて「コンビニ払い」を選択すると，払込票が送付される。 ●電話・FAX で申し込みの場合 申し込み受付完了後事務局より「コンビニ支払用紙」が郵送される。 ※全国の主要なコンビニエンスストアにて受験料を支払う。

著者・執筆協力者プロフィール

著　者

谷 山 澤 子（たにやま・さわこ）
神戸女子短期大学教授。文学博士。国連英検指導検討委員会委員。著書に
『国連英検B級・C級対策［改訂版］』（共著，三修社）など多数。

Alexander Shishin（アレキサンダー・シシン）
神戸女子大学名誉教授。文学博士。国連英検指導検討委員会委員。著書に
『国連英検B級・C級対策［改訂版］』（共著，三修社）など多数。

執筆協力者

服 部 孝 彦（はっとり・たかひこ）
大妻女子大学・同大学院教授。早稲田大学講師。言語学博士。国連英検統
括監修官。著書に『国連英検ベーシック・トライアル』（三修社）など多
数。

リスニング問題の音声ダウンロードのご案内

リスニング問題の音声については、PC、スマートフォン等で以下の国連英検ウェブサイトから再生またはダウンロードして下さい。

【音声提供 URL】

http://www.kokureneiken.jp/dist/listening/

CD をご希望の場合

PC やスマートフォンでの音声データの取り扱いについてよく分からないという方は CD-R をお送りしますので国連英検事務局までご請求下さい。

【連絡先】

公益財団法人 日本国際連合協会 国連英検事務局 宛

TEL 03-6228-6831　FAX 03-6228-6832　URL http://www.kokureneiken.jp/

こくれんえいけんかこもんだいしゅう　しーきゅう　　　　　　　　　　　　　ねんどじっし
国連英検過去問題集［C級］〈2019-2020年度実施〉

2021年7月31日　第1刷発行

編　者　　公益財団法人　日本国際連合協会
著　者　　谷山澤子　アレキサンダー・シシン
執筆協力　服部孝彦
発行者　　前田俊秀
発行所　　株式会社三修社
　　　　　〒150-0001 東京都渋谷区神宮前2-2-22
　　　　　TEL 03-3405-4511　FAX 03-3405-4522
　　　　　振替 00190-9-72758
　　　　　https://www.sanshusha.co.jp
　　　　　編集協力／編集工房キャバ
印刷・製本　日経印刷株式会社